新潟日報ブックレット②

半藤一利の遺言

戦争と平和、そして「わが越後」

新潟日報社　小原広紀

はじめに……2
第1部　わが越後、わが長岡……4
第2部　「賊軍」から見た戊辰戦争と維新……25
第3部　戦争と日本人……40
第4部　いつまでも平和で穏やかな国であれ……56
半藤一利さんの略年譜と主な出来事……70
「歴史探偵」をたどる20冊……72
おわりに……78

はじめに

旧制長岡中学（現長岡高校）出身の作家で、「昭和の語り部」と呼ばれた半藤一利《はんどうかずとし》さんが2021年1月に亡くなって、2年半が過ぎた。

90歳で他界するまで、手がけた作品は共著も含めて100冊以上。代名詞となった「昭和史」のほか、「日本のいちばん長い日」「ノモンハンの夏」「幕末史」「漱石先生ぞな、もし」などで知られる。テレビや新聞にもたびたび登場し、培った知識と歴史観を基に当意即妙で鋭い論評をした。

人生が昭和そのものだった。昭和5（1930）年、東京の下町生まれ。翌年に満州事変が起き、日本は日中戦争、太平洋戦争へと突き進んでいく。昭和20年、東京大空襲で九死に一生を得て、新潟県長岡市に疎開、終戦を迎える。この戦争体験を原点に、太平洋戦争や近代史の研究を重ねてきた。

そんな半藤さんに、新潟日報長岡支社の記者だった筆者が密着取材を申し込んだのは2010年。80歳の半藤さんは執筆や番組出演をいくつも抱え、最初は「忙しくって、とっても無理だ」と断った。それでも「そこを何とか」と頼み込むと、「しょうがねえなぁ」と引き受けてくれた。

東京の自宅に何度もお邪魔し、長岡市にも来てもらった。謝意を伝えると、「自分も（文藝春秋の）編集者だったからよぉ、断られるつらさが分かるんだよな」と照れ笑いしたのが忘れられない。下町仕込みのべらんめえ口調の中に、人を引きつける温かさがあった。

その年に新潟日報の連載「ひと賛歌」で半藤さんを取り上げた後も、定期的に訪ねた。集団的自衛権の行使容認、戦後70年、戊辰戦争１５０年など、国の方針変更や節目があるたびにインタビューした。多くの編集者や歴史家らが通った「半藤門下」に、40歳違う筆者は末弟として加わった気でいた。

半藤さんに会うのはいつも午後。世田谷区の自宅近くの飲食店で話を聞き、日が暮れると「おい、酒にしよう」となった。ビールや長岡産の地酒などを実にうまそうに飲んだ。妻の末利子《まりこ》さんもよく同席してくれた。勝手に弟子入りした身としては、至福の時間だった。

最後にじっくり話を聞けたのは２０１９年7月。翌8月に半藤さんは脚を折って入院した。その後、入退院しながら執筆を続けたが、末利子さんによると、２０２０年の暮れから急に衰弱し、年明けに逝去した。

筆者の手元には、足かけ10年、計20時間以上に及ぶインタビューの音源とメモが残っている。

多忙な半藤さんが毎回、時間をつくってくれたのは、筆者の向こうに新潟県の読者を見ていたからだ。「わが越後」「わが長岡」と常に気にしていた。末利子さんも「本当に長岡が好きな人でした」と語る。越後とのつながりに特化した発言集は、他のマスメディアにはない記録だと思う。死蔵せず、半藤さんが愛した越後の人たちに届けたい。その思いで本書を書き下ろした。

半藤さんが「歴史探偵」となっていく背景にあった新潟県の存在、そして越後、長岡の人たちに伝えたかったこととは―。この本を通して半藤さんの思いや人柄が一人でも多くの人に伝われば、末席の門下生としてこんなにうれしいことはない。

第1部　わが越後、わが長岡

太平洋戦争末期に疎開した半藤一利さんは、旧制長岡中学卒業までの3年間を長岡で過ごす。以来、「第二の故郷」として強い思い入れを持つようになった。最晩年まで「わが越後」「わが長岡」と愛着を込めて呼び、著作でもたびたび触れた。それは多感な時期を過ごしただけではなく、長岡での体験が自身の歴史観に大きな影響を与えたからでもある。同じ越後人の作家、坂口安吾との出会いも人生のターニングポイントとなった。

奔放な下町っ子、長岡へ疎開

父に学んだリアリズム

私が越後に住んだのは昭和20（1945）年の太平洋戦争末期に疎開してから、長岡中学（現長岡高校）を卒業するまでの3年間です。ただ、長岡での経験は、自分の背骨みたいなものをつくってくれました。自分が越後人だと遺伝子みたいなものを意識することもあります。

〈半藤さんは昭和5（1930）年5月、東京の隅田川の東側にある向島《むこうじま》で、父末松《すえまつ》、母チエの長男として

生まれた。末松は古志郡石津村岩野（現長岡市越路地域）出身。海軍などを経て、向島で運送業をしていた〉

おやじの実家は山林を持っていて割と裕福でしたが、5人兄弟の四男坊だったので家を出ざるを得なかったのです。

昭和11（1936）年からは向島区の区議を務めていて、親分肌でしたね。飲んべえで、「勉強しろ」とかは一切言わないが、酒を手に人生百般の話をしてくれましたよ。太平洋戦争の開戦時には、沸きたつ周囲をよそに「何やってんだ、この国は」と憤っていました。周りからは「非国民的だ」と思われるような人でした。愛国心は強かったけど軍国おやじじゃなくて、すごいリアリストだった。

ただ、敗戦はとにかく身にこたえたようです。戦後の変造酒をたくさん飲んだのがいけなかったのか、胃がんで昭和24（1949）年に世を去りました。47歳でした。

でも、おやじのリアリズムのおかげで、自分も軍国少年にならずにすんだ。その後の「歴史探偵」の素地みたいなものができたように思います。

東京・世田谷区の飲食店でインタビューにこたえる半藤さん。自宅に近いこの店で取材を受けることが多かった＝2018年

戦時下に中学進学
生まれ育った戦前の向島は、まあ山の手のような澄ました上品さはかけらもない下町で

したね。同級生の親はみんな大工とか豆腐屋とかで、官吏やサラリーマンはいない。大人は開けっぴろげで世話焼き。子どもはみんな悪がきでしたが、中でも私は飛びっきりでした。

いろんないたずらをしては叱られた。周り中の学校にある二宮金次郎の銅像によじ登って捕まり、校庭の朝礼台でさらし者になったこともありました。

それでも、東京府立第七中学（現墨田川高校）に進んだんです。当時は中学に入る子どもはごく一部でしたが、おやじに言われて。「いいか、中学に落ちたら小僧奉公に出すぞ」。そう脅され、さすがの悪がきも観念しました。試験は口頭試問（面接）と体力検定、内申書で、国民学校に居残って口頭試問の練習をして、何とか合格しました。

入学したのは昭和18（1943）年4月。その月の18日にわが長岡中学出身の山本五十六《いそろく》・連合艦隊司令長官（注1）が戦死し、戦況は厳しくなっていた。だから、とにかく軍事教練でしごかれた。モールス信号や手旗信号は全て覚えています。昭和19年11月に授業は中止になり、勤労動員で軍需工場に通いました。

そして、昭和20年3月に東京大空襲に遭ったのです。猛火の中で逃げまどい、川に落ちて死にかけましたが、まさに九死に一生を得ました（後述）。

小学校に入ったときの記念写真。この年に日中戦争が始まった＝昭和12（1937）年、東京・向島

茨城、長岡でも空襲

空襲で家も家財も焼けたため、最初は母の郷里の茨城県に疎開しました。茨城県立下妻中学に転校して。でも、そこでも恐ろしい目に遭いました。

ある日、土手を歩いていると、米軍の戦闘機Ｐ51が真っすぐ向かってきた。腰を抜かしてへたり込んだら、ダダダダッ。機銃掃射の弾が、すぐ30センチほど脇に一直線に土煙を上げました。震えて声も出なかった。相手は遊び半分だったんでしょうが、獲物となった私には恐怖と憎悪が植え付けられました。

家でそれを伝えたら、おやじは「本土決戦、敵の上陸も間もなくだろう。ここは危ない。どうせ負けるにしても、人より先に死ぬことはねえ」と郷里の越後に行くと決めたんです。

それで、７月に何とか切符を取って、父母、弟妹と６人で長岡に向かいました。最初は切符は高崎までしか買えず、近くに住んでいた母親のおばさんの家に泊まった。そこで妹が脚に大けがをしてしまい、10日ぐらい足止めされた。その間に在学資格がなくならないように群馬県立富岡中学に一時編入しました。

よく遊んでいた稲荷神社の境内で「悪がき」仲間と。肩を組む３人のうち右端が半藤さん＝昭和13（1938）年ごろ、東京・向島

妹が治ってから長岡に着き、学籍証明書を持って長岡中学に行ったら、「富岡中学は格が下だから、小千谷中へ行きたまえ」と言われたんです。それを家でおやじに言うと、「何をいうか、お前は元をただせば東

京府立第七中学、ナンバースクールである」と。翌日、おやじが長岡中に怒鳴り込むと、威張っていた先生が平身低頭して入れてくれました。

それがたしか7月18日。入れてくれたといっても勤労動員です。翌朝から津上製作所（現ツガミ長岡工場）に行き、何に使うか分からないけど、でっかいネジを作っていました。

それから10日余り後の8月1日、今度は長岡が空襲された（注2）。行く先々で攻撃に遭い、疫病神でもついているのかと思いましたよ。ただ、この時は市街地から10キロ以上離れていたので、信濃川の対岸が燃え上がるのを屋根で眺めていた。あの真っ赤な空の下に自分が体験した惨状がある、生きるか死ぬかの思いをしている人がいるんだと悲しくなりました。

一緒にいたおやじはキセルでたばこをプカーっと吸っていた。すると下から、「ばかもーん、（たばこを目印に）焼夷《しょうい》弾を落とされるじゃねえか」と近所の人が言ったんだ。そしたらおやじが「ばかもーん、こんな小さなムラに落とすわけねえだろ。焼夷弾がいくらするか知ってんのか。爆弾1個の値段を考えてみろ」なんて怒鳴り返したのを覚えていますよ。

その上、「ばかばかしい、早く降伏すればこんなことにならないんだ」と不穏なことを大声で言ったのです。先見の明があったというか、人がワアワア熱狂的になっていたあの時代に、すごく

長岡中学の同級生たちとの記念写真。前列中央が半藤さん

冷静に戦争を見ていたし、いろんなことをよく知っていた。当時は分からなかったけど、偉い人でしたね。

雪国暮らしで大変身

敗戦で捨て鉢に

〈太平洋戦争では東京、長岡など64都市への無差別爆撃と広島、長崎への原爆投下で、50万人以上が犠牲になった。そして昭和20（１９４５）年8月15日が訪れる〉

終戦の玉音放送を聞いたのは、勤労動員先だった長岡市の工場でした。機械が止まり、妙にシーンとした中で「堪《た》へ難《がた》キヲ堪へ忍ビ難キヲ忍ビ…」の詔勅が拡声器から流れてきました。このとき珍無類な連想をしました。下町のそろばん塾での「ご破算で願いましては、56銭なり…」という先生の読み上げです。それで「ああ、日本もついにご破算になったんだ」と不謹慎にも、くすりとしたんです。

その後、同級生と初めてたばこを吸った。国が敗れると女はすべて米国人のめかけにされ、男は南の島かシベリアで奴隷になると聞かされていたので、捨て鉢になったんですね。

持ち歩いていたコンサイスの小さな英和辞典を「もう持っていてもしょうがねえ」とピリピリ破いて、たばこの葉を巻きました。４人ぐらいで「どうせわれわれは奴隷になるんだ」と。みんなそう思っていたんじゃないのかなぁ。わが長岡藩も戊辰戦争の後、惨憺《さんたん》たる思いをさせられたと知っていましたからね。戦争に負けるとはそういうものだと。

しかし、家でおやじに奴隷の話をすると、「日本人を全員連れていくほど船があるわけないだろう。女が全員めかけになったら、米国の女はどうするんだ、ばか野郎」と一喝されました。これで目が覚めました。そうだ、戦争に負けたって絶望することはない。頑張れば再建できる、全く単純にそう思ったんです。

「戦争に負けるとは、こういうことか」

8月17日に、どうなったかと思って長岡中学に行きました。校舎は空襲で焼けずに無事でした。先生2、3人が講堂で、山本五十六の書いた「常在戦場」の額を下ろしていましたよ。講堂の右側だったかな。反対側に「剛健質樸《しつぼく》」だったか「和而不同（和して同ぜず）」が掛かっていた。「戦争に負けるとは、こういうことか」と厳しい現実を悔しく思いました。と同時に、まだ負けて2日ぐらいなのに、あまりにあっさりした転換にあきれ返った覚えがあります。

おれは知らないけど、長岡中にも戦争狂というか、軍事教練や戦争完遂にものすごく熱心な先生たちもいたらしい。それが、すぐに寝返っちゃった。

これは戦後日本の精神的な急旋回、その象徴的な出来事に思えます。たちまち民主主義でした。日本人は思想とか主義とかはすべて借り物で、権威者から別のことを言われるとすぐ寝返っちゃうところがある。「きのう勤王、明日は佐幕」。昔からそうですよ。

半藤さんが趣味の木版画で描いた在校当時の長岡中学正門と校舎

その後、長岡空襲は真珠湾攻撃の報復だったというデマも広まり、「山本のせいで長岡が焼けた」と言いだす変わり身の早い同級生もいました。戦中は「長岡の誇る名将」とあがめ奉っていたのに、途端に罵倒《ばとう》する。私は「人として恥ずべき二枚舌だ」とやりあったもんです。

米国は怨念や恨み、復讐《ふくしゅう》とかで空襲を計画しませんよ。うちのおやじではないけど、きっちりしたリアリズムでやるんです。

新潟市を焼け野原にした方が、長岡を空襲するよりはるかに新潟県へのダメージは大きい。しかし新潟市は原爆の目標になっていたから除外された。向こうは日本人の士気や戦闘意欲、敵がい心をどうなくすか、全部考えているんです。

太平洋戦争や昭和史を調べると、米国でも英国でもソ連でも、どれだけ厳しい計算をしていたかがよく分かる。それに対して、日本人はすぐに感情的なことを言って、それで自分たちを納得させてしまうところがありますよ。

「米百俵」に感動

夏休み明けの9月1日に長岡中学が再開しました。やっと職工から中学生に戻り、3年生に編入して初めて同級生全員と会いました。1日目は大掃除して…授業はなかったけど、校長の訓示があったのかなあ。よく覚えていない。同級会とかで聞いても、みんな覚えて

長岡中学グラウンドで同級生と。このころから眼鏡をかけていた＝昭和21（1946）年

いないんだよ。8月15日まではみんなすごくよく覚えているが、あとはパーッと薄れているんです。

終戦後すぐの冬は豪雪でした。茨城県出身の母は「もう暮らせない」と言って翌年には一家で東京に戻ることにした。しかし私は長岡中が気に入り、残ると言い張りました。一時期住んだ茨城では「ソカイ、ソカイ」と散々殴られたが、長岡の同級生はいじめることはないし親しみやすかった。泥臭くて妙なやつも多かったけど、楽しかったですね。

そして何より、「米百俵」(注3)でできた国漢学校が前身だったことに引かれたんです。戊辰戦争に敗れて困窮を極めた長岡藩にとって、支藩の三根山藩(新潟市西蒲区)から送られた米百俵は、太平洋戦争後の進駐軍の放出物資よりよっぽどありがたかったはずです。それなのに飢えに耐え、将来のために学校をつくった。この米百俵の話は、敗戦後のわが胸の奥に強烈に響きました。

昭和21(1946)年からは、おやじが生涯暮らすつもりで建てた旧石津村岩野の家に一人で暮らしました。近所のおばさんに賄いを頼んで、5年生で卒業するまで長岡中に通いました。

東京では勉強より暴れるのが得意な悪がきでしたが、長岡では英語の成績ががぜんよくなった。疎開前に通った東京の第七中で鍛えられたからです。七中は軍国主義的でしたが、勤労動員前まで英語の授業を減らさなかった。長岡中は戦時中、敵の言語だということで授業を減らしていたんじゃないでしょうか。それで、秀才の仲間入りをしちゃった。

人間は面白いもので、「あいつはできる」と見られると、さらに頑張るようになるんですね。岩野では周りに同級生が誰もいない。冬には大雪の下で孤島みたいになる。境遇的にも勉強しかすることがなかったので「仕方がねえ、勉強するか」と。こたつに入って、英語と数学と物理と化学を猛勉強したのです。

成績はぐんぐん上がり、4年生の時の模試で5年を抑えて全校1番になりました。自分でもびっくりしました。たまたま帰省したおやじが「半藤家からそんな頭のいいやつが出るわけねえ」と驚き、わざわざ学校に確認に行くほどでした。

長岡中学へは列車で通いました。一番近い来迎寺駅まで家から5キロ。冬場は毎朝、誰よりも早く家を出て、かんじきを履いて雪原を踏みしめ、道をつくりながら駅に向かいました。帰りも同じ道を雪を踏んで帰ります。もちろん屋根の雪下ろしもやりました。

雪のない季節は高下駄《げた》を履いて、5キロの田舎道を往復です。足腰がすっかり強くなった。子どものころはへんとう腺を腫らしてよく寝込んでいましたが、丈夫な体になりましたね。

長岡中を卒業後、浦和高校と東京大でボート部に入りましたが、その基礎体力が養われました。あと、単調な作業でも地道に黙々と続ける忍耐力がついたんです。これは後の歴史研究にも役立ちました。

太平洋戦争に関する史料を何度となく読み込んでいますが、繰り返すことである日突然、目の前が開けて問題点が明確になり、以前とは違う見方ができるようになる。そんなふうに史料をいろんな角度から見ることは、歴史理解には何より大切です。「継続は力なり」なのです。

「この門柱だけは昔と変わらないねえ」。長岡高校を訪れ、旧制中学時代を思い起こす＝2010年

長岡時代は大きな変化があった3年間でした。あの3年がなければ、その後の自分はなかったんじゃないでしょうか。

終生続いた長岡の縁

青雲の志を共有

〈半藤さんと長岡のつながりは晩年まで続いた。2014年まで長岡市の「米百俵賞」選考委員長や「米百俵塾」名誉塾長などを務めて毎年、賞の選考や塾の講演で長岡市を訪れた〉

選考委員長も塾長も一日仕事で大変でしたけど、思い入れもありましたから。3月の選考委員会の後は必ず、市内で長岡中学の同級生と飲んでいました。毎回20人ぐらい集まってくれた。長岡に住んだのは3年間だけですが、同期の仲はずっと続いていました。2008年までは東京でも年2回、同級会をやっていたんですよ。

終戦直後に会った仲間だから、普通の時代とは少し違うのかもしれません。長岡市街は焼け野原で、家族全員を亡くした同級生もいた。みんな一緒になって苦労しながら一生懸命、生きて、勉強したんです。早く

越後での雪下ろしを思い出して描いた絵。中学生だった半藤さんが屋根の上にいる

イッチョマエ（一丁前）になって、一緒に新しい日本をつくるんだ、と青雲の志みたいなものを共有していましたからね。

そういう思いを抱いていたからか、わが中学の大先輩、山本五十六元帥を大いにひいきにしています。苦学して海軍に入った山本さんは、薩長の「官軍派」が大手を振る中で「今に見ていろ、イッチョマエの大仕事をしてみせるぞ」と、反骨の気概と激しい闘志を燃やしたんです。

「わが中学の大先輩」と慕う山本五十六の生家跡で＝2010年、長岡市坂之上町3

山本さんについて文章を頼まれると、必ず承諾してきました。映画（２０１１年公開の「聯合艦隊司令長官　山本五十六」）にも監修などで協力しました。東京でやっている長岡中学・高校の大同窓会も、彼の命日の4月18日に開催していたんです。今も4月18日前後に開いているようです。

長岡市の山本さんの生家跡にある山本記念公園にも、何度か足を運んでいます。あそこを、こぢんまりした公園にした長岡の人のセンスはいいですね。戦中に山本神社をつくる動きがあり、米内光政《よないみつまさ》海軍大臣らが反対して駄目になりましたが、よかったと思いますよ。太平洋戦争の軍人の中で最も人間くさかった人ですから、神様にされなかったことを本人が一番喜んでいるんじゃないでしょうか。

あと私が通った当時の長岡中にはいい先生がかなりいて、影響を受けました。英語は「タコ」と呼ばれていた高野弥一郎先生。高野先生は戦争中にアンドレ・モーロワの「フランス敗れたり」という本を翻訳して出版し、大ベストセラーになった。今も1冊持っています。当時は手に入らないから、先生にせがんで借りて読み、感動した覚えがあるよ。

だから「青春の本は?」と聞かれると「フランス敗れたり」を挙げてきました。フランス国民がいかにだらしなくてドイツに敗れたかを書いた本なんだけど。国が敗れるのは、もちろんリーダーや為政者の無能はあるが、国民がだらしないということなんでしょうね。

それはそっくりそのまま日本に通じる。リーダーを無能にしているのは国民だから。われわれのレベルが高くなければ、レベルの高いリーダーが出るはずがないんですよ。日本も敗れたばかりだったので、この本を読んだときは感慨無量でしたね。

長岡中学の廊下で。校舎は長岡空襲の被害を免れた。半藤さんは前列左端

漱石の孫・末利子さんと結婚

結婚したのも、長岡の縁です。初めて顔を合わせたとき、まだ妻は小学生でしたね。

〈5歳年下の妻・末利子《まりこ》さんは東京生まれ。長岡市出身で夏目漱石門下の作家松岡譲《ゆずる》と、漱石の長女筆子《ふでこ》の娘で、一家で長岡に疎開していた。譲、筆子夫妻は譲が亡くなるまで長岡で暮らした〉

長岡中学に通っていたとき、来迎寺駅から長岡駅まで信越線を使っていたんだけど、終戦直後で列車が少なかった。帰りは放課後、何時間も待たなければならず、親しい同級生の家に行って時間をつぶしていたんです。

その一人が、宮内駅の近くに住んでいた松岡新児君。松岡家の長男で、彼には背が小さくて目がくりくりと大きい妹がいた。小学５年生ぐらいだったかな。「宿題やってぇ」なんて言ってきて、勉強を教えてやりました。それが妻です。本人は当時のことは全く覚えていなくて、感謝もしないですけどね。

新児君は早稲田大を出て、ＮＨＫの記者になった。お互いに社会人になってからも時々、一緒に酒を飲んでいました。そのうち彼女も長岡高校を卒業して早大に入り、兄の家に下宿した。それで再会したんです。

だから、漱石とかは全く関係なく、同級生の妹として出会って結婚した、それだけのことですよ。

漱石の孫というのは知ってはいましたし、松岡譲と（作家仲間の）久米正雄が筆子さんを巡っていろいろあったといった話は聞いていました。けれど、自分は文学青年じゃなかったし、あまり関心はなかったですね。

後になって、「漱石先生ぞな、もし」（１９９２年出版）とか、漱石についての本を何冊か出しました。それだって、もともと漱石について

法要のために長岡市の寺を訪れた半藤夫妻。末利子さんの父、松岡譲は元は寺の跡継ぎだった＝2010年、長岡市村松町

文学論をぶってやろうなんていうつもりは毛頭なかった。実は全部、昭和史研究の延長線上なんです。祖国敗亡に導いた太平洋戦争の源流をたどると、明治時代に行き当たる。司馬遼太郎の「坂の上の雲」の後、日露戦争から大正初期までの約10年間が転回点となり、昭和前半まで日本はどんどん悪くなるんです。

それで司馬さんに「『坂の上の雲』だけでは明治日本は素晴らしかったで終わってしまう。あの後を書かないと近代史は正しく残せませんよ」と話したことがありました。そしたら「お前が書けばいいじゃないか」と言われて、日露戦争後の日本と海軍についての著作に取りかかったんです。

その脇役の一人に考えたのが、漱石でした。日露戦争中の明治38（１９０５）年に「吾輩は猫である」を発表し、大正５（１９１６）年に没した漱石は、まさに転回点を生きた人で、偉大な文明批評家でもありました。

漱石の著書や関連資料を読んでメモをつけているうちにノートがたまり、こっちの方が面白いじゃないか、となった。それで、文学論ではない漱石像の一端やエピソードをまとめて出版したら、ベストセラーになっちゃった。以降、何冊も出したわけです。

義母の筆子さんは譲さんが亡くなった後、長岡から東京のわが家に引っ越してきて、20年ぐらい

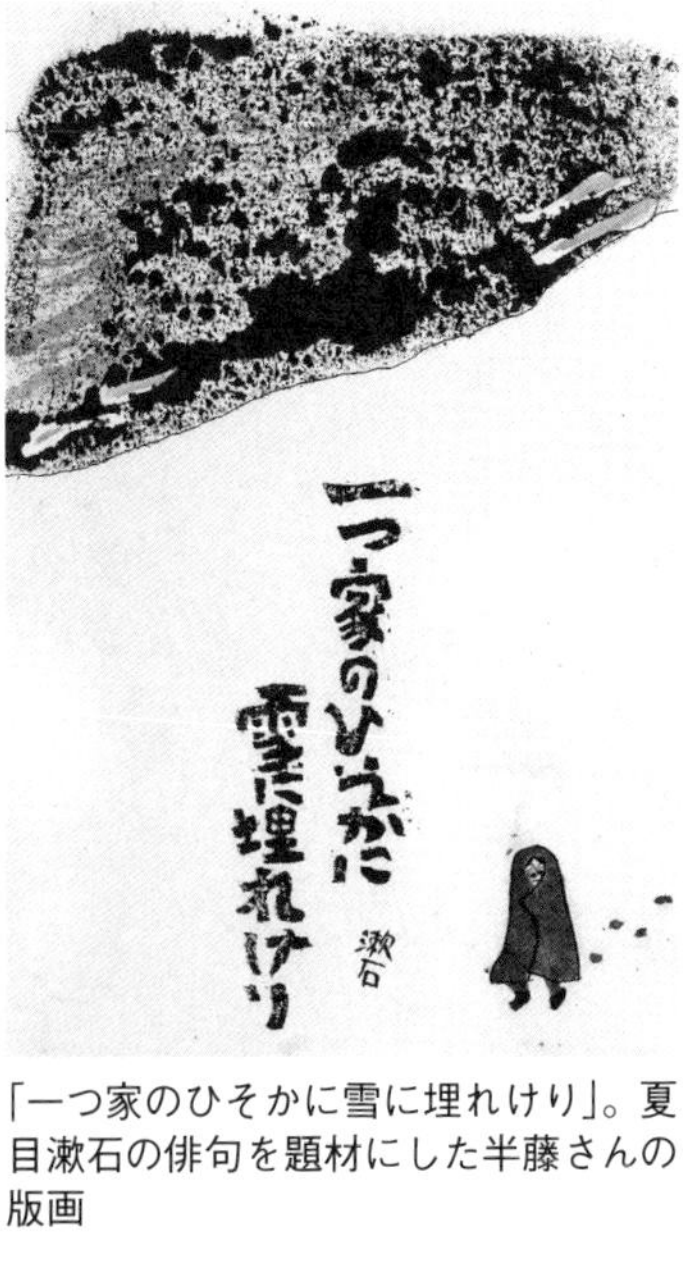

「一つ家のひそかに雪に埋れけり」。夏目漱石の俳句を題材にした半藤さんの版画

一緒に住みました。でも、それほど漱石の話はしないまま、平成元（1989）年に他界しました。以前から本を書こうと思っていたら、もっと話を聞いたんですけどね。

杯交わし「人生開眼」

坂口安吾に出会う

越後といえば、私の大先生、師匠である新潟市出身の作家、坂口安吾さん（注4）に触れないわけにいきません。私が太平洋戦争や昭和史を調べるようになったすべてのきっかけは、社会人になってすぐに安吾さんと出会ったことだったのです。

もともと「文藝春秋に入って歴史をやってやろう」なんて気があったわけではないんです。本当は新聞記者になりたかった。戦時中の新聞がいかにインチキだったか身に染みていたので「記者になって正しいことを書いてやる」と。

ところが、新聞社の入社試験を受けられなかった。ボートが関係しているんです。東大4年の9月、ボート部で全日本優勝の栄誉に輝きました。それはもう、うれしくて。80歳を過ぎてもその瞬間を思いだすと元気になりますな。

坂口安吾（資料提供：新潟市 安吾風の館）

それで当時は有頂天になって、谷川岳のふもとにある東大寮にみんなで行って、何日もどんちゃん騒ぎをした。その間にほとんどの新聞社の願書受け付けが終わっちゃったんです。

そこでまだ残っていた文藝春秋に申し込んで、何とか入社することができた。入ったのは昭和28（1953）年です。

安吾さんに会えたのは、入社して1週間ぐらいのこと。本当に幸運でした。当時の新入社員は3人だけで、最初は編集部の雑用係です。すると、ある日突然「酒飲めるやつはいるか」と聞かれました。「はい、私は人一倍強いです」と手を挙げると、「安吾のとこ行って原稿を取ってきてくれ」と命じられたのです。

往復の汽車賃程度しかない財布を手に、すぐに群馬県桐生市の安吾邸に向かいました。ところが、会った安吾さんは「へえ、そんな原稿あったか？」。「もしかして書いてないんですか」と聞くと、「一枚も書いてない」。こっちも手ぶらじゃ帰れない。「どうしたらいいでしょうか」「お金もないんですが」なんて途方に暮れていると、三千代夫人が「うちに泊まったら」と勧めてくれたんです。

そのまま原稿ができるまで1週間、泊まり込みました。夜は毎晩、安吾さんの酒の相手です。安吾さんは酒が飲めない人が嫌いだったので、私が派遣されたんですね。

安吾さんはちょうど地方紙に長編小説「信長」を

文藝春秋の若手社員だったころ。東京・銀座にあった社屋の上で

書いたばかり。戦国時代はもちろん、古代から近代まで本当に歴史に詳しかった。「史料をいくら並べても、本当の歴史は分からない。史料はみんな勝者が作り上げたもので、裏側を読まないと本当のことは分からないんだ」。こう繰り返し、酒をぐびぐびやりながらいろんな話をしてくれた。

例えば「大化の改新は中大兄皇子《なかのおおえのおうじ》が藤原鎌足《ふじわらのかまたり》と組んで、蘇我《そが》天皇家を倒した武力革命だった」とか「戦国時代の文献が調えられたのは江戸時代。だから武将の功績や実力は、徳川家にとって都合よく書いてある」とか。こっちは「ははあー、歴史ってのはそんなふうに見るんですか」と。

越後や上杉謙信の話も随分していた。武田信玄は領土がほしくて戦っていたが、謙信は領土なんていらない、義のためだって戦争をやったわけだから。「武田から見たら戦争狂みたいなもの。そんなのが隣にいたら大変だったと思うよ」なんて。

通り一遍に史料を読むのでは駄目で、その裏側を見る。ごく常識的な推理を働かせて、史料や文献の間を読む。そうした「歴史探偵学」を毎晩、教えられたんです。

この1週間で「歴史開眼」、いや「人生開眼」したと言ってもいい。いっぺんに世の中が変わっちゃったんだよね。

世に横行する偽の権威や文化を見抜く「精神のこん棒」に、頭を殴られたようでした。でっかい大木のような人でありながら天衣無縫、奔放不羈《ふき》でした。「ばっかだねぇ」が口癖で、とんちんかんな受け答えをして何度も言われましたが、妙に温かかった。

2009年出版の「坂口安吾と太平洋戦争」。安吾の衣鉢を継いだ半藤さんが「師匠」の活躍を描いた

生涯であれほど輝いた、値千金の夜はなかった。大げさに言えばあの1週間は人生最良の日々でした。あれから私は安吾探偵の許しも得ずに弟子入りし、自らも歴史探偵を名乗ることにした。そして半世紀以上、自分なりの探偵術に磨きをかけて日本近代史に挑んできたのです。

越後の血筋を継いで

安吾さんとは、越後の人の気質についても話しました。越後人はすごい武器、素晴らしいものを手にすると、カーッと爆発するようなすごい力を出すところがありますよね。

上杉謙信しかり、直江兼続《なおえかねつぐ》しかり、河井継之助《つぎのすけ》（注5）しかり、山本五十六しかり。河井継之助の場合、その武器はガトリング砲でした。

山本五十六は零式戦闘機と陸攻（陸上攻撃機）、それと酸素魚雷が「三種の神器」ですよ。普通の魚雷はブクブクあぶくを出して走るが、海軍が開発した酸素魚雷はそれがない上にものすごく強力だった。それらをてこにして、どうしても開戦しろというならいっちょやってやるぞ、となったんだと思います。

雪が降ることも、そうした気質の背景にあるでしょう。特に上中越の雪深い地域では、一年の半分ぐらい雪に埋もれる。その中でトンネルの向こう、首都圏とか太平洋側に対して「いつか見ていろ」という思いをみんなが抱いている。自分も3年間暮らしてみて、よく分かりました。

その一方で越後の人は、あまり徒党を組みませんね。取っつきにくいところはあるが、時流におもねることなく、こつこつと努力を重ねるのが得意です。

中国にも匹敵するものなしの「大漢和辞典」を作った諸橋轍次《てつじ》、独学で「大日本地名辞書」をこしらえた吉田東伍《とうご》、わが長岡中の先輩で日本初の政治学者といわれる元東大総長・小野塚喜平次《きへいじ》、さかのぼれば良寛や「北越雪譜」の鈴木牧之《ぼくし》。みんな前人未到の大仕事を一人で成し遂げました。

私も越後の血筋、遺伝子かもしれないけど、こつこつと一人でやることが好きなんですよね。

文藝春秋ではずっと編集者をしていましたが、54歳で思いもしなかった取締役になりました。それで専務までやったのですが、経営や人事なんて取材、編集に比べたら全然面白くない。本当に嫌になっちゃいましてね。10年ぐらい役員をしましたが、その間はストレス性のじんましんにも悩まされた。もう勘弁してくれ、と辞めさせてもらいました。

自分一人で研究や取材をする方がいいと思って、64歳で物書きになっちゃったんです。だから、学会に入って偉い人につくようなこともやりません。一人で新しい事実を探し出しては、喜んでいるんですよね。

生まれ育った東京の下町では、はったりを利かせて出しゃばるような気風があります。けれど、長岡で暮らしたことで、それほど出しゃばらなくなりました。

東京生まれですが、性根は第二の故郷である越後の人たちとあまり離れていないのではないかと思います。

「米百俵塾」で講演し、塾生の市民たちと記念撮影＝2010年、長岡市のハイブ長岡

注1　山本五十六　明治17（１８８４）年～昭和18（１９４３）年。旧長岡藩士高野貞吉の六男。父が56歳の時の子で五十六と名付けられたという。長岡藩家老山本家を継ぎ山本姓となる。長岡中学、海軍兵学校卒。昭和11年に海軍次官となり、日独伊三国同盟に強く反対した。昭和14年に連合艦隊司令長官。昭和16年にハワイ真珠湾攻撃を断行し、太平洋戦争の口火を切った。昭和18年、ブーゲンビル島上空で米軍機に撃墜されて戦死。死後、元帥となり、皇族や華族以外で初めて国葬にされた。

注2　長岡空襲　太平洋戦争末期の昭和20（１９４５）年８月１日、午後10時30分に始まった長岡市街地への大規模爆撃。８月２日午前０時10分まで続いた。米軍機Ｂ29が約９２５トンもの集束焼夷《しょうい》弾を投下、16万発余りの焼夷爆弾や子《し》弾《だん》が、市街地の８割を焼け野原にした。７月20日に市内に落とされた模擬原爆の被害も合わせ、計１４８８人が犠牲になった。

注3　米百俵　戊辰戦争で石高を７万４千石から２万４千石に減らされ、困窮した長岡藩に対し、明治３（１８７０）年、支藩の三根山藩（現新潟市西蒲区峰岡）が救援の米百俵を贈った。だが、藩の大参事小林虎三郎はコメを分けるよう迫る藩士を説得し、米百俵を売却、その代金で国漢学校をつくった。これが長岡の近代教育の基礎となり、後に東京帝国大学総長の小野塚喜平次、山本五十六ら多くの人材を輩出した。国漢学校の流れは現在の市立阪之上小学校、県立長岡高校に引き継がれている。

注4　坂口安吾　作家、評論家。明治39（１９０６）年、新潟新聞社長で衆院議員だった父仁一郎の五男として、新潟市に生まれる。終戦翌年の昭和21（１９４６）年に「堕落論」、「白痴」を相次いで発表。「堕落論」は「生きよ　堕ちよ」のメッセージで知られ、敗戦直後の日本人に衝撃を与えた。太宰治らとともに「無頼派」と呼ばれた。ほかの作品に「桜の森の満開の下」「不連続殺人事件」「肝臓先生」など。昭和30年、群馬県桐生市の自宅で死去。

注5　河井継之助　長岡藩家老、軍事総督。１８２７～68年。藩主牧野家に引き立てられ藩政改革を進めた。戊辰戦争では最新鋭のガトリング砲を備えて中立を掲げ、新政府軍と小千谷の慈眼寺で談判するが決裂。長岡城を奪われるも、一度は奪還を果たす。だが兵力に勝る新政府軍に再び奪われ、自身も負傷。会津へ向かう途中の福島県只見町で死去した。「八十里　こし抜け武士の　越す峠」と自嘲の句を詠んだという。司馬遼太郎が小説「峠」でその生涯を描き、２０２２年に映画も公開された。

第２部　「賊軍」から見た戊辰戦争と維新

半藤さんは「幕末史」などの著書で「反薩長史観」を展開してきた。その原点は長岡にあった。戊辰戦争で東軍として戦い、敗れた長岡藩は「賊軍」として苦難の道を歩んだ。「賊軍の子孫」として幕末以降の近代史を詳細に分析した半藤さんは、戊辰戦争は薩長の暴力革命であり、不要だったと訴えるようになる。明治維新は昭和の戦争につながったが、最後に国を救ったのは「賊軍」派だった。

官軍・賊軍史観にもの申す

長岡の祖母に学んだ「反薩長」

歴史というのはいろんな見方をすることができる――。元祖「歴史探偵」坂口安吾さんのこの教えが胸に響いたのは、長岡にゆかりがあったことも大きく影響しています。

長岡に住んだのは旧制中学に通った昭和20（１９４５）年からの３年間ですが、小さいころから夏になると、おやじの郷里の石津村岩野（現長岡市越路地域）に泊まりに行っていました。そこで、学校で習う国史とは全く違う見方を学んでいたのです。

「明治以降、越後の人は薩長閥に差別されながら懸命に努力したんです」と語る半藤さん＝2011年、東京・千代田区のホテル

東京で生まれ、日中戦争が始まった昭和12（1937）年に小学校に入りました。そこでは皇国史観、正しくは「薩長史観」を徹底的に仕込まれました。薩摩や長州などの勤王の志士が正義の味方「官軍」で、帝《みかど》に仇《あだ》なす徳川幕府と「賊軍」を撃破し、皇国をつくったと教えられたのです。

ところが、父の実家では百八十度違う話を聞かされました。長岡藩は戊辰戦争で「官軍」に抵抗し、城下が焼け野原となった。祖母は「薩長は泥棒なんだて。7万4千石の長岡藩に無理やりけんかを仕掛けて5万石を奪った。連中の尊皇なんて泥棒の屁《へ》みたいな理屈だ」と言うのです。全く裏返しの歴史観でした。ついでに長岡藩の逆襲を受けた山県有朋《やまがたありとも》が命からがら逃げたといった秘話を聞き、子ども心に留飲を下げたものでした。そして「薩長史観」を冷めた目で見るようになった。平成20（2008）年に「幕末史」を出版し、「反薩長史観」を公言するようになりましたが、その原点ですね。

後で詳しく話しますが、この薩長史観、官軍・賊軍史観の行き着いた先が、昭和のアジア諸国への進撃であり、国を敗亡させた太平洋戦争だったのです。

だから私は「官軍」とは言わずに西軍と言うし、「賊軍」ではなく東軍を使います。東京生まれの夏目漱石や永井荷風が作品の中で「明治維新」ではなく、徳川家、江戸幕府の「瓦解《がかい》」という表現をしていることに大いに敬意を払うわけです。

戊辰戦争は陰謀的な暴力革命だ

〈幕府が瓦解し、明治に改元したのは1868年の旧暦9月。平成30（2018）年、当時の安倍晋三政権は「維新150年」を記念する行事を催した〉

明治新政府は最初の約10年間に、西洋文明を取り入れて近代国家をつくるための大働きを確かにやっています。そういう意味では、維新150年を祝いたくなるのも分からんでもない。ただ、私には「何を言っているんでい。国を挙げてやることか」という思いがあります。

東北諸藩や長岡藩、越後の小藩を全部恭順させて、その人たちの犠牲においてやったわけだから。長岡藩は5万石を取られた。長岡の殿様は一応、領土に戻ってきたけど、会津なんて遠くに追いやられました。

「賊軍」の人たちを徹底して差別し、財産をむしり取れるだけむしり取った。そして薩長を中心に自分たちの国家をつくり、栄耀《えいよう》栄華を極めたのです。だから「この野郎」という思

石津村（現長岡市）のいろり端で昔話を聞く様子を描いた自作の絵。このように祖母から「反薩長史観」を学んだ

いもあるわけですよ。

歴史を丁寧にみていけば、そもそも戊辰戦争はやらなくてもいい戦争でした。私から見れば、岩倉具視《ともみ》、大久保利通《としみち》、西郷隆盛のような大物たちが、まさに陰謀的、策略的に無理やり仕掛けた暴力革命です。戊辰戦争だけをみれば、薩長はひどいと言わざるを得ない。

順を追って説明すると、まず幕末に尊皇攘夷運動が起きますが、それを尊皇「倒幕」運動にくるっと変えちゃったのです。

攘夷は要するに「外国人になめられてたまるか」ということ。その精神はどの藩にもあったし、今でも日本人の心の底にあると思う。司馬遼太郎さんも言っていました。「日本人の心の一尺下を掘ると、攘夷が必ず芽を出す。外圧があって危機を鼓吹すると、それが一つにまとまる。昔からそうだが、非常に危険なところだ」と。

ペリーの黒船来航の時も江戸っ子はみんな追っ払えと言っていました。実は「鎖国をやめて開国し、世界と交流しないと将来はない」と初めに唱えたのは、江戸幕府の老中だった阿部正弘《まさひろ》です。その時の老中、5人の幕閣には長岡藩の牧野忠雅《ただまさ》もいた。牧野さんの発言記録は残っていないが、開国に賛成していたはずです。

その開国に反対していたのが、京都の朝廷です。明治天皇の父、孝明《こうめい》天皇が大の外国人嫌いで、朝廷は攘夷を掲げていました。それで薩長は「天皇陛下は攘夷なんだ」と、大喜びで尊皇攘夷運動を進めた。それが京都を中心にした幕末の内乱につながります。

ただ、攘夷を実際に進めてみたら、薩摩は薩英戦争、長州は下関戦争で列強にこてんぱんにやられてしまったんです。それで「攘夷は無理だ」と身に染みたんですね。

大久保利通や西郷隆盛ら薩長の知恵者は結局、「攘夷をするためには開国しなければならない」と方針を変えました。そしてひそかに、尊皇倒幕という策略を始めるのです。やがて欧米の五国艦隊が神戸港を開けろと大阪湾にも入ってきた。孝明天皇はさすがにこれは大変だと、朝廷の方針も開国に変わっていきます。

つまり、幕府が開国を決めて、朝廷が攘夷だったからゴタゴタが起きたけれども、慶応元（１８６５）年には幕府と朝廷の「国策」が開国で一つにまとまったんです。孝明天皇は幕府を倒して朝廷が政治をやるなんて気は毛頭なく、幕府と一緒にやっていこうと考えていました。

ところが、その翌年に突然、孝明天皇が亡くなるんです。孝明天皇が生きていたら幕府と仲良くしてしまうというので、薩長側がひそかに毒殺したという説もあります。真偽は分かりませんが。

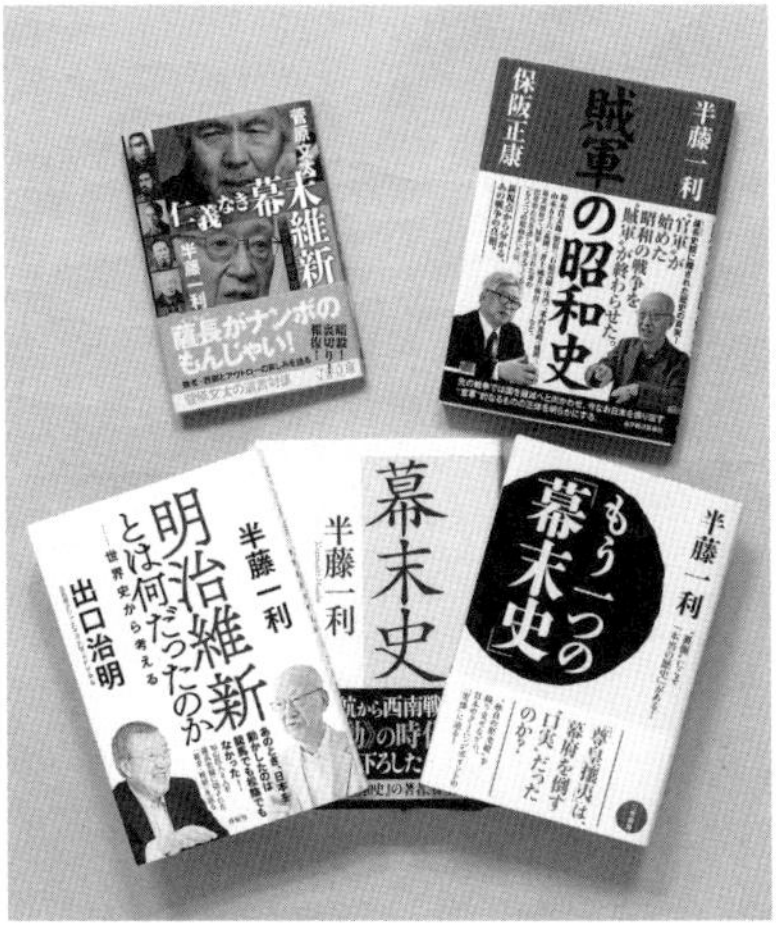

幕末や維新についての著書。菅原文太さんとの共著「仁義なき幕末維新」では「われら賊軍の子孫」を名乗り、「薩長がナンボのもんじゃい！」とたんかを切っている

それで薩長は、まだ若かった明治天皇を担いで朝廷の方針をひっくり返し、倒幕運動をがぜん強めるわけです。坂本龍馬が間を取り持って薩長同盟も結びました。

せっかく国策が一つになったのに、薩長などが自分たちが権力を握るために幕府を倒そうと、無理やり「やらなくてもいい国内戦争」に持っていった。これが、私が一番不愉快に思っていることですよ。

戊辰戦争の始まりとなった鳥羽伏見の戦い（１８６

8年）で薩長側は「錦の御旗」を立てました。その御旗は長州が古文献を基に作った偽物なんです。それなのに幕府側はそれで戦意を喪失してしまいました。いいように謀略に引っかかって「賊軍」になってしまったわけです。

幕府の勝海舟《かつかいしゅう》や大久保一翁《いちおう》ら開明的で外国を知り、国家をよく考えていた人たちは「内戦をする余裕はない。早く国を一つにして近代国家をつくった方がいい」と主張しましたが、薩長側はそんなこと知ったこっちゃないと。あくまでも徳川将軍らの首を取るのが目的でした。だから戊辰戦争後、薩摩の島津久光《ひさみつ》は「おれが王様になるんじゃなかったのか」と話したのです。誰も天皇制国家のイメージは持っていませんでした。

要するに、薩摩や長州が武力革命で政権を強奪した。それを維新という美名で飾り立て、正当化したということです。安吾さんの言う「勝者の歴史」ですね。

戊辰戦争後の長岡藩の苦闘を伝える「米百俵」の銅像の前で。左から2人目が半藤さん

長岡藩の勇戦と苦悩

武士の美学貫いたラストサムライ

〈1868年1月、鳥羽伏見の戦いで始まった戊辰戦争は日本近代史で最大の内戦だった。戦争は明治へ

の改元を経て翌年まで続く。長岡藩は東軍として戦い、西軍に敗れて「賊軍」となった〉

長岡藩は河井継之助が江戸詰から帰ってくるまでは恭順派も多かったのです。小林虎三郎《とらさぶろう》（注6）や三島億二郎《おくじろう》（注7）らも開明的でした。ただ継之助には、薩長など西軍のやり方は理不尽な暴力でしかないという思いがあったのでしょう。「恭順せよ、お金はこれだけ出せ、兵隊はこれだけ出せ」と相手の要求はひどいですから。

越後の人はすごい武器を持つと、一気に爆発するような傾向があります。継之助もガトリング砲などを手に入れて、「なに、負けるものか」となったのではないでしょうか。

司馬遼太郎さんが「峠」で描いたように、まさに「最後の侍」として、理不尽な暴力に無残に屈することがあってはならない、名目に反すると。ただ、それで結局、多大な犠牲を出してしまった。私としては継之助の思想や武士としての美学は認めても、一国の命運を握る人間が国を滅ぼす道を選んではならないと思いますがね。

継之助が持っていた美学は、長岡の美学、日本人の美学と言ってもいい。攘夷の精神と共通するところもあります。攻め込んでくる外敵に対し、戦いもせず降参するわけにいかないと。もちろん長岡の牧野家は徳川家に恩義があったので、殿様の気持ちも幕府寄りではあったでしょう。

「最後の侍」と呼ばれる河井継之助

ただ長岡藩はそこまで幕府に義理を果たす必要はなかったのでは、とも思います。会津藩と違って、京都で殺し合いとかはしていないから。だからこそ、継之助は中立論を掲げました。徳川家に義理と恩義があるから背くことはできない、しかし戦う意思はないから中立であると。その考え方はよく分かりますよね。

しかし、そんな中立論は西軍には通用しませんよ。向こうはつぶすのが目的ですから。小千谷会談で相手が「今更、中立なんてことができると思うか」となるのも理解はできます。

小千谷会談の時に山県有朋が柏崎にいて、「継之助が1人で来たなら、捕まえてしまえばよかった」と言ったそうです。山県ぐらい目端が利く人にはすごいチャンスだと思ったのでしょう。スパイを山ほど入れて長岡藩の実情を把握していたから。戦闘訓練の先頭に立っていた軍事総督の継之助さえ捕まえてしまえば、戦争しなくて済むと。

司馬遼太郎さんの私邸で歴史などについて語り合う半藤さん＝大阪府

三島億二郎は小千谷から帰った継之助に「戦争を止めたいなら、俺の首を切って差し出せ。それ以外にない」と言われました。三島は「そこまで考えているなら、俺もやる」と。いま振り返ると、そのときに賛成しなければよかったのにと思いますが。

戦場での長岡藩は、西軍のすごい軍勢に対して、少ない人数でよく勇戦力闘したと思いますよ。会津や桑名の応援を得ていたとはいえね。

長岡の復興に尽くした三島億二郎

地元では継之助、虎三郎、億二郎の３人が有名ですが、３人は熱度というかオクターブが違います。私が疎開して旧制長岡中学に通った時は太平洋戦争に負けたばかりで、「長岡が焼け野原になったのは2度目だ」という話がしょっちゅう出た。そこで必ず継之助派と、米百俵の虎三郎派に分かれて。私は数少ない億二郎派でした。

戊辰戦争の後、億二郎は本当に苦労して長岡の立て直しに尽くしたからです。「ランプの会」というのをつくって、もう侍も町人もないとみんなで再建、復興に向かう態勢を整え、奮闘努力したんです。

私は勝海舟が好きだから、彼の明治時代の日記も読んでいますが、億二郎の記述が何度も出てきます。「越後の川島（億二郎の旧姓）氏来たる」と。内容は記されていませんけど、明治新政府に頼れない中で、お金の工面とか、力を借りに行っていたんです。

三島億二郎の肖像画＝長岡市中央図書館蔵

勝海舟も三島億二郎も、すごく偉い人です。江戸っ子の海舟はおしゃべりで人気もあったが、億二郎はあまりしゃべらなかった。だけど2人とも「アヒルの水かき」をしていました。水面をスーッと進んでいるアヒルは水面下で足を懸命に動かして水をかいている。見えないところで努力をしていたんです。

ただ億二郎に限らず、長岡の商人とか庶民も大変な努力をしたと思いますよ。「賊軍」出身者は、新政府ではすごい差別をされましたから。「官」での出世の道は閉ざされていた。自分の力だけで未来を切り開くしかなかった。だから優秀な人は先生や医者、軍人などになったんです。

東京・神田の古本屋街だって、長岡の人が興した店がすごく多い。虎三郎の米百俵ばかりが注目されますが、もっと違う目で長岡人、越後人の努力を認めていいと思います。

越後などの「賊軍」出身者が明治の45年間、いかに差別されたかがよく分かる史料があります。明治年間に爵位を得て華族になった人数（旧公家・大名家を除く）の比較です。

薩摩や長州はどちらも70人以上います。しかも公《こう》侯《こう》伯《はく》子《し》男《だん》の5爵位の中で、最も高い公爵は全員が薩長です。侯爵も大半が薩長。新潟県人は郵便制度を築いた前島密が男爵になった。たった1人だけです。

長岡市の「米百俵賞」授賞式で選考理由などを説明する半藤さん。選考委員長を12年間務めた＝2010年

「賊軍」の子孫、昭和の危機を救う

新政府の近代化政策は評価

戊辰戦争については、私は「反薩長史観」を強く言います。ですが、明治新政府が明治10（1877）

年の西南戦争までの間にやった日本の近代化、西洋文明の取り入れに関してはきちんと認め、評価した方がいいと思っています。

たとえば教育制度。農民の子どもも学校に通えるようにした。あとは鉄道を次々に敷きました。全国に通信網を広げていき、郵便制度もつくりました。かなり急速な改革です。

中でも、最も大きいのは藩をつぶして統一国家にしたことです。いわゆる廃藩置県ですが、その前の明治２（１８６９）年に版籍奉還がありました。藩の殿様が自分の領土を朝廷に奉ったのです。新政府が上から命令したのではなくて、藩の殿様が自ら嘆願してやったことです。それを最初にやったのが薩長土肥なんですよ。

それが近代化のスタートになった。それでよく薩長土肥とまとめて言われるようになったけれど、実は肥前は戊辰戦争ではそんなに戦っていないんです。

明治４（１８７１）年の廃藩置県の時には大久保利通や岩倉具視、伊藤博文らはみんな外国に勉強に出掛けていました。残った西郷隆盛が勝海舟や山岡鉄太郎ら幕府の有能な官僚を入れて、廃藩置県をやった。西郷さんがそのカリスマ的な威光を持って断行したといえます。大久保が設計図を書いたという意見もありますが。

自宅の書庫で。昭和史はもちろん幕末、明治に関する文献も多い＝東京・世田谷区

明治新政府は内部で激しい権力争いをしながらも人材と金をつぎ込んで教育、徴兵などの大働きをやり、近代国家の基礎をつくったわけです。徴兵は余計かもしれないですが。

ただ一方で新政府は新たな教育制度や交通網、通信網を使って、思想的な日本精神も植え付けました。特に陸軍を牛耳っていた長州が過剰ともいえる思想や礼儀、風習を持ち込んだのです。今も学校でやっている「気をつけ」とかの軍隊式の号令は、もともと長州が始めたことですよ。

藩でばらばらだった国家を一つにまとめるには、規律や精神的な支柱が必要だという主張は分からないでもないですが。

薩長主導の大戦を幕引き

戊辰戦争は昭和史にも影響していきます。官軍史観、薩長史観が昭和になって消えたわけではないですから。

明治年間に富国強兵に「成功」して日露戦争で「勝った」ということで、日本人は「五大強国の一つになった」とうぬぼれ、夜郎自大になりました。そして尊皇史観で天皇を現《あら》人神《ひとがみ》とした軍事国家をつくりました。それで昭和に入って世界を相手に戦争をするように

松岡譲の墓にお参りする半藤夫妻。夏目漱石門下の松岡は明治生まれで戦中に疎開してから終生、郷里の長岡で暮らした＝2010年、長岡市村松町

なるのです。

昭和の初めまで、長州の人の精神には幕末の松下村塾《しょうかそんじゅく》の教えが残っていたと考えます。吉田松陰《しょういん》は「幽囚録《ゆうしゅうろく》」にこう書いているんです。カムチャツカなどを奪った上で「朝鮮を責めて質を納《い》れ貢《みつぎ》を奉ること古《いにしえ》の盛時の如《ごと》くならしめ、北は満州の地を割《さ》き、南は台湾、呂宋《ルソン》の諸島を収め、漸《ざん》に進取の勢を示すべし」。台湾やフィリピンまで全部、日本の領土にすると。つまり侵略史観を塾生に教育していた。その考えが「大東亜共栄圏」につながっていきました。

明治の軍人は大将や参謀長のほとんどが薩長。大きく分けて長州が陸軍、薩摩が海軍です。その薩長閥は昭和まで残りました。

太平洋戦争を始める時、海軍中央の海軍省と軍令部にいる主要メンバーは驚くほど薩長です。極端な言い方をすれば、近代日本をつくったのは薩長、せっかくつくった日本を太平洋戦争で滅ぼしたのも薩長だとも言えます。

一方で、太平洋戦争の最後のところでこの国を救ったのは「賊軍」派ですよ。

終戦に持ち込んだ首相の鈴木貫太郎（関宿藩）、海軍相の米内光政（盛岡藩）、海軍次官の井上成美《しげよし》（仙台藩）、みんな賊軍出身です。貫太郎さんは海軍であまりに差別され出世できないものだから軍を辞めようとしたが、父親に「国に尽くすために海軍に入ったんだろう」と諭されて思いとどまった。それで最後に国家敗亡の危機を救うわけです。

開戦時に連合艦隊司令長官として海に出ていた山本五十六だって、もし戦死しなければ軍令部総長とかになって和平のために戦っていたと思いますよ。

薩長の人には自分たちのつくった国だ、好きなようにできるんだという意識がどこかにあるのではないでしょうか。歴代総理大臣も長州、薩摩の人が多いですけど。一方、「賊軍」派の人の方が私心をなくして国のために尽くすという思いが強いと感じています。

自己改革と人材登用が大切

幕末から明治にかけて学ぶべきことは、当時の侍が自己改革したことですよ。

彼らはアヘン戦争（1840年）に学びました。清国は日本同様に省ごとの封建制度でしたが、わずかな英国軍に負けた。それで侍たちは、日本も藩の中で固定した身分制でやっていける時代じゃないと認識したんです。最初は勝海舟のような人たちですが。

世界と伍《ご》して生き残っていくために国家を統一しなければと自己改革した。廃藩置県なんて、各藩にとっては一種の革命ですからね。

世の中、世界を知り、人間を知る。その中で自分を改革していくことが大切なのです。現代人にはなかなかできませんけど。

もう一つは人材の登用です。黒船来航を受けて幕府の老中の阿部正弘が最初に、身分や家柄に関係なく意見を聞くことにしたのです。パン

「米百俵塾」の講演。明治の越後人がいかに差別され、苦労したかを語った＝2010年、長岡市

ドラの箱を開けたんですね。それで下級武士だった勝海舟らを登用した。薩長だって、戊辰から明治にかけて活躍したのは多くが下級武士の出身者です。「うちは家老職だ」なんていう固定した世襲ではもう通用しない、駄目だと、みんなが本気になって考えたわけです。国家も社会も会社も、人材次第です。出自、性別などの差別をなくして優秀な人材をどんどん登用していかないといけない。今の国会みたいに2世、3世ばかりになるようではよくないですよ。

注6　小林虎三郎　長岡藩文武総督、大参事。1828〜77年。長岡藩士の家に生まれ、藩校・崇徳館で学び、江戸に遊学。兵学と洋学で知られる佐久間象山に師事し、長州の吉田松陰とともに「象山門下の二虎」と称される。戊辰戦争に敗れ焼け野原となった長岡で、「国がおこるのも、まちが栄えるのも、ことごとく人にある。食えないからこそ学校を建て、人物を養成するのだ」と唱え、米百俵をもとに国漢学校を設立、長岡再興につなげた。

注7　三島億二郎　長岡藩大参事。1825〜92年。戊辰戦争後の復興を目指し町人らと話し合う「ランプ会」を設立。第四銀行と合併した北越銀行の前身である第六十九国立銀行、育英団体「長岡社」、長岡赤十字病院の前身の「長岡會社病院」などの創設に尽くした。米百俵の国漢学校設立にも携わり、後に長岡高校となる「長岡洋学校」を開設し初代校長を務めた。「復興の恩人」と評価され、継之助、虎三郎とともに「戊辰の三傑」と呼ばれる。

第3部　戦争と日本人

東京の下町育ちだった半藤さんは東京大空襲で死にそうになり、戦争の恐ろしさと無常さを痛感した。「なぜこんなことが」。焼け跡で抱いたその思いを胸に、戦争や昭和史を研究してきた。代表作「昭和史」では、二度と戦争に至らないように「国民的熱狂をつくってはいけない」と指摘した。最後まで開戦に反対し、早期講和を望んでいた山本五十六連合艦隊司令長官を「わが中学の大先輩」と慕い、その無念にも思いをはせる。

九死に一生、東京大空襲の夜

「焼夷弾、恐るるに足らず」

「なぜこんなことが」。14歳の時に抱いた思いが、小さな炎として体の中でくすぶり続けています。ずっと昭和史にのめり込んできたのは、それが消えなかったからでしょう。炎の原点が、昭和20（1945）年3月10日でした。

〈太平洋戦争（1941～45年）の終盤、米軍は日本本土への夜間無差別空襲で多くの都市に壊滅的な打

撃を与えた。その最初の標的が帝都・東京。その中でも人口が密集する下町だった〉

「坊、起きろ。空襲警報だ」。おやじの声で跳ね起きたのは、日付が変わったばかりの３月10日の午前０時すぎでした。その前の夜10時半ごろに警戒警報が鳴ったのですが、このころにはもう警戒警報には慣れっこになっていて、のんきに寝ていたんです。

母と弟、妹たちは母の郷里の茨城県に疎開していましたから、東京・向島のわが家には、おやじの末松と私だけでした。私は数えで15歳。当時の国家総動員法では15歳は既に戦闘員なので、疎開せずに残っていたわけです。

急いで学生服に綿入れを羽織り、ゴム長を履いて飛び出しました。

外に出て驚きました。空襲警報からそれほど間がなかったのに、南側の深川方面がもう真っ赤に燃え上がっていたのです。「あら、きょうは何だかすごい」。そんな会話をしながら、おやじと２人で防空壕《ごう》の上で眺めていました。西側の浅草方面でも爆撃が始まり、周りが徐々に火に包まれていきました。

向島はしばらく大丈夫でしたが、そのうちにＢ29が１機、低空で飛んできました。間近で見ると、ばかでかく、どう猛な飛行機でした。

それが頭上を通過する瞬間、パーンと破裂音がしたのです。

文藝春秋の本社前で。1994年に辞めてからも、戦争や昭和史に関する本を同社から多く出した＝2010年、東京・千代田区

ガーッ。急行列車が真上を通るようなごう音とともに焼《しょう》夷《い》弾が降ってきて、壕の上から転げ落ちました。

焼夷弾は「モロトフのパン籠《かご》」と呼ばれる集束爆弾が破裂して38発の弾が飛び散り、火の付いた油脂をまき散らすのです。直撃したら即死でした。助かったと思う間もなく、裏の油脂工場で火柱が上がりました。

「これは駄目だ。いいか、ぼやぼやせずに、すぐ風上に逃げるんだ」。おやじにそう言われました。おやじは手提げ金庫だけ家から出して、自転車でこぎ出しました。

ですが「焼夷弾は消せる。恐るるに足らず」と教わっていた少国民の私は、消火作業に励んだんです。バケツとでっかいハタキでわが家や周囲の家の火事と格闘しているうちに逃げ遅れ、気付いた時は周りは火の海でした。

中学時代の半藤さん。空襲を３回、体験したり目撃したりした

猛火の中、川に落ちて死を覚悟

慌てて宝物のメンコを入れていたかばん一つをぶら下げて、逃げ出しました。北風が強い日で、どこの道路を通っても、何十本も火炎放射器を仕掛けたような火流と真っ黒な煙が洪水のように迫ってきます。

そのうちに背中に火がつきました。カチカチ山のタヌキみたいに、綿入れの背中が燃えていたのです。後ろにいたおじさんが「おい、そこの坊や、背中に火がついてるぞ」と教えてくれました。慌ててかばんを放り投げ、綿入れを脱ぎ捨てました。このとき身軽になったのが、後で幸いするのです。

右往左往するうちに荒川の支流の橋にたどり着き、救助の船に飛び乗らせてもらいました。「やれやれ、助かった」と。ところが、その船の上でおぼれている人を助けているうちに、下からしがみつかれて、一緒に川に落ちてしまったんです。

川の中ではおぼれかけている人たちが必死にもがき、つかみ合っていた。私も手足や肩をつかまれ、転がされました。こちらもその手を振り払わないと危なくてしょうがない。

そのうちに2度、水をガブッと飲み込みました。意識がもうろうとして、どちらが水面かも分からなくなった。水の中は漆黒なのです。

「死ぬ」。そう感じた時、両足の長靴に水が入ってストンと脱げました。長靴が沈んでいくので上下が分かった。無我夢中で人をかき分け、水面に顔を出すと、誰かが襟首をつかんで船に上げてくれたんです。げえげえ水を吐き、寒風に歯をがちがち鳴らしながらも、「助かった」と本当にうれしかった。川底へユラユラ落ちていく長靴をはっきり覚えています。

そのころ川岸には幼子を抱えた母親が大勢集まっていましたが、猛火は容赦なく襲い掛かりました。まず黒煙がわーっと押しかぶさり、みんなころっと倒れる。そしてあっという間に火だるまになり、かんな

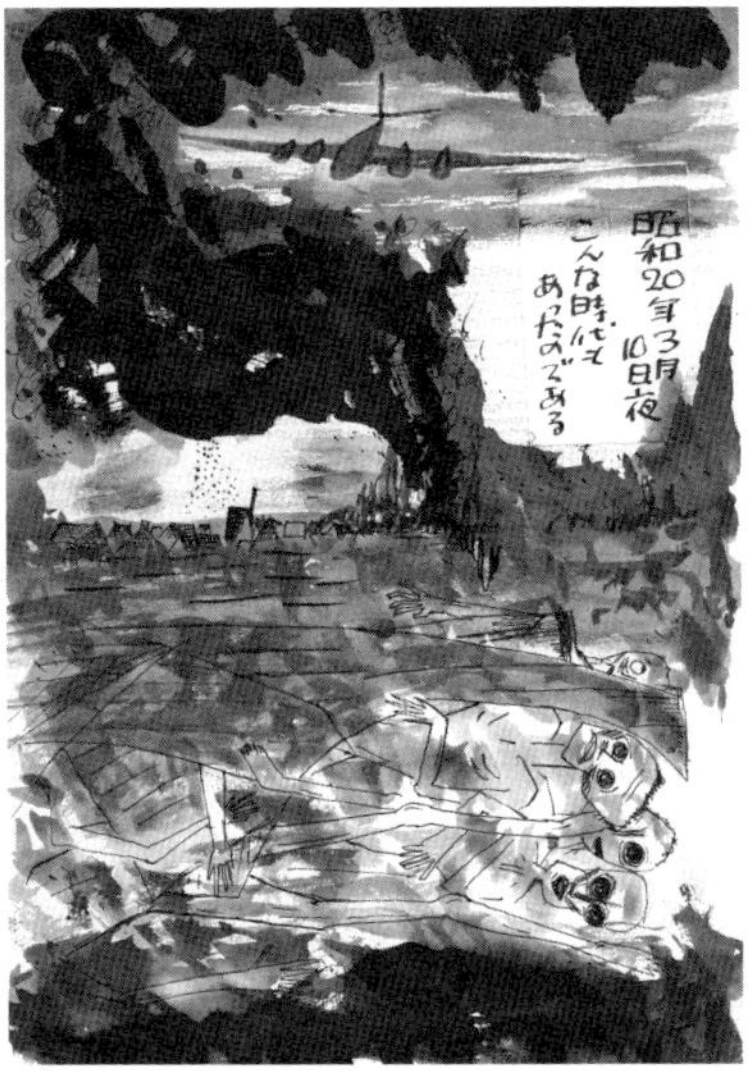

「こんな時代もあったのである」。半藤さんが描いた東京大空襲の惨状

くずが燃えるように焼けていく。その様子を、ただぼうぜんと眺めていました。

「絶対という言葉は二度と使わないぞ」

〈東京大空襲では10万人以上が犠牲になったとされる。半藤家があった向島区（現墨田区）は面積の約75％を焼失、8千人以上が亡くなった〉

白々と夜が明けてきたころ、やっと火が収まってきたので、とぼとぼと家に帰りました。どこかのおじさんが「これ、履いていきな」と靴をくれました。

道には数え切れない死体がありましたが、ひどいもんで私は無感動そのもの。神経も感覚も鈍麻しきって、死んだ人に思いをいたすことはなくなっていました。いくらでも非人間的になれる。そこがおっかないですよ、戦争は。

私が生き延びることができたのは、ただただ運であり、偶然でしかありません。もし逃げる方向がちょっと違っていたらどうなったか。かばんを提げたまま川に落ちていたらおぼれ死んでいたでしょう。

わが家の焼け跡にボーッとたたずみながら、俺はこれから「絶対」という言葉を二度と使わないぞ、と誓いました。

「絶対に日本は勝つ」「絶対に焼夷弾は消せる」「絶対に自分の家は

戦争や空襲を子どもたちに伝えたいと、半藤さんが出した絵本「焼けあとのちかい」

焼けない」「絶対に俺は人を殺さない」…。周りにあふれる「絶対」は全てうそだと。川でおぼれかけたときに、私は誰かの手を振りほどいてしまったのですから。自分の頭でこんなに真剣に考えたのは初めてでした。

あと、この経験があってから、花火が嫌いになりましたね。あの音と光は、どうしたって焼夷弾を思いだしてしまいますから。長岡花火にたくさん誘われましたが、みんな断りました。

そうそう、おやじも無事に生きていました。焼け跡で再会し、一緒に茨城、それから長岡に疎開することになるのです。

歴史探偵の萌芽《ほうが》

同じ間違いを繰り返さないために

東京大空襲の後、満目蕭条《しょうじょう》たる焼け跡に立ち、「なぜこんなことになったのか」と思いました。それで一大決心をして歴史研究を志した、と言ったらかっこいいストーリーなのでしょうが、そうではありません。昭和史に関わるのは10年余り後、長岡中、東大を出て文藝春秋に入社してからです。

入社してすぐに坂口安吾さんに「歴史探偵」の基礎を教わります。その後、入社4年目の昭和31（1956）年に出版部で、ジャーナリストの伊藤正徳《まさのり》さん（1889～1962年）の担当になりました。

戦前から海軍記者として活躍した伊藤さんは、時事新報社長を務めて「連合艦隊の最後」などの戦記を残しています。伊藤さんの名刺を持って、陸海軍の生き残りの将官の話を聞いて回りました。

ただ、取材した原稿を伊藤さんに渡すと「この人は相変わらずだね」と、よく駄目出しされた。証言者がうそをついていることが間々あったのです。その地位にいなかったのに、いたかのような顔をして証言する人もいた。知識のない私がそれを見抜けないまま取材したためでした。「これは大変だ」と、昭和史や太平洋戦争の猛勉強を始めたんです。

多くの旧軍人に取材し、昭和36（1961）年に伊藤さんの監修で週刊文春に「人物太平洋戦争」という連載をして、本になりました。翌年、病床にいた伊藤さんを見舞うと「半藤君、いい仕事をしたね。このまま研究を続けなさい。日本人がまた同じ間違いをしないために、書き残しておかないといけないから」と言われました。この遺言に従い、ずっと取り組んできたのです。

東大の仲間たちと。半藤さんは右端＝東京・駒場キャンパス

「日本のいちばん長い日」

〈1963（昭和38）年には「文藝春秋」8月号特集で、大座談会「日本のいちばん長い日」を開く。戦時中の政府や軍の幹部から前線の将兵、銃後の市民まで28人が終戦時の状況を証言。33歳の半藤さんは司会を務めた〉

大体、座談会というのは5、6人でやっても、1時間もすると私語が始まるんです。けれど、このとき

は28人が5時間ぐらいやったのに、みんなじーっと熱心に人の話に耳を傾けていた。それを見て「日本人は戦争がどんなふうに終わったのか、自分のいた部署以外のことは知らないんだ」とよく分かりました。

当事者が生きている今のうちにできるだけ多くの話を聞き、残した方がいい。そう思って詳しく取材し直して、昭和20（１９４５）年8月15日の終戦の玉音放送までの24時間をまとめたノンフィクション「日本のいちばん長い日」を、2年後の昭和40（１９６５）年に出版しました。

当時は編集部次長でデスクをやっていたから、社務もかなり厳しかった。毎朝4時に起きて、原稿用紙を1日10枚ずつ埋めていきましたよ。夜も仕事や飲み会で遅かったのに、よく書いたと思いますね。

そのころ社内で歴史に興味がある社員たちと太平洋戦争の勉強会をやっていて、取材を少し助けてもらいましたが、ほとんど私が取材、執筆した。会社で「お前たちの勉強会の名前では売れない。半藤の名前じゃなおさら売れない。大宅さんに名前を借りろ」と言われ、最初は「大宅《おおや》壮一《そういち》編」として出版しました。

その後、平成7（１９９５）年に新事実を加えた「決定版」を再出版することになり、私自身がもの書きとして独り立ちしていたこともあって、大宅さんの遺族に断り、自分の名前で出させてもらいました。ずっと別れていた子どもに「おれがおやじだ」と名乗るような、何やら甘酸っぱい気分になりました。

本の「日本のいちばん長い日」は英語版が出たり、映画になったりしました。座談会の方も映画化され、

文藝春秋の若手だったころ。歴史を猛勉強した

２０１０年に公開されました。編集者から役員まで41年間、文藝春秋にお世話になりましたが、やっぱり「いちばん長い日」のことが一番思い出深いですね。

文藝春秋にいる間、研究をずっと続けたので、社内ではすっかり昭和史や太平洋戦争のオーソリティーになりました。

以前は「何やっているんだ、あいつは」とばかにされましたけどね。文学志向が強い社員が多い中、旧軍人とかばっかり会っているんだから。会社の後輩で後に作家になった立花隆君も「半藤さんは何でこんなに戦争に詳しいのか。危ない人かもしれない」と思ったそうです。

「半藤じゃなく反動分子だ」なんて言う人もいました。右翼に見られたんでしょう。

なぜ戦争に走ったのか

国民的熱狂をつくってはいけない

東京大空襲でも長岡空襲でも、たくさん人が死んでいるのを見ても何も感じなくなった。人を非人間的にするのが戦争の恐ろしさです。そんな戦争を何でやったのか。昭和史を研究しながら考え続けてきました。

東京裁判では当時の軍閥が悪くて、日本の民衆に

編集長時代。「日本のいちばん長い日」は社業が忙しい中、毎朝４時に起きて執筆した

は罪はない、ということにした。それでいつの間にか私たちが無罪放免みたいな形になっちゃった。

でもよく考えれば、国民自身が当時の戦争指導者、そして新聞にあおられて、むしろ積極的に総力戦に参加していましたよね。それはもう、周りにたくさんいたもの。戦争に消極的なことを少しでも言えば、「何だその態度は」「非国民だ」みたいに言う人が。

日本人はわーっとみんなで大きな流れに乗ってしまうところがあります。熱狂しやすいというか、異論を許さないいんですね。それを自覚した方がいい。国民的な熱狂をつくってはいけない、流されてはいけないのです。

そして、国民が自ら戦争する気になっていたというのを、きちんと反省しなければならない。それをあまり反省しないまま、戦後を過ごしてきたと思います。

中国、アジア諸国との関係が鍵

戦争に進んでいった原因は、大ざっぱに言えば中国への対応です。中国に対して平常心を失うようなことが起きると、日本の国は迷走するんです。

もともと中国は日本にとって文化の入り口だったわけで、昔の日本人は劣等感を持ち、中国に学ぶという姿勢だった。ところが、西洋文明を入れて近代化してくると、優越感を持つようになる。劣等感から優越感に揺れ動いたんですね。

近代日本は優越感を持つと、途端に近隣諸国、特に中国を侮蔑するんです。実際、日本人が優越感と強い差別意識を持ちだしたのが日清戦争のころで、そのまま太平洋戦争まで行っちゃった。

戦争に負けて自信をなくしたけど、その後日本がぐんぐん復興したら、またまた優越感を持ちだした。「俺たちの技術や知識でおまえらの国は繁栄するんだぞ」みたいにね。

今度、その優越感が揺らぎ出し、不安感が出てくると、日本の歩みはおかしくなりますよ。いつの時代もそうだ。近年、その懸念が強まっています。

明治になって１５０年余りですが、日本は中国や近隣諸国に対して優越感や劣等感、不安感を持って、ぐらぐら揺れながら国家をつくってきたといえます。

長岡戦災資料館で展示品の説明を受ける半藤さん＝2010年

三国同盟がノー・リターン・ポイント

具体的に昭和６（１９３１）年の満州事変から昭和16（１９４１）年の太平洋戦争開戦までの歴史を見ると、引き返すことができなくなった節目は昭和15（１９４０）年9月の日独伊三国同盟ですよね。戦争に転がらざるを得なくなった。

欧州戦線での当初のナチスドイツの快進撃に目をくらまされ、国民が雪崩現象を起こすように同盟関係を求めたのです。「バスに乗り遅れるな」と大合唱をして。

三国同盟を結ぶことによって、日独伊にソ連を入れて4国同盟にして米国をけん制する、と考えました。近衛《このえ》文麿《ふみまろ》首相も松岡洋右《ようすけ》外相もみんなが抱いた構想です。ところが、これは日本人が勝手にそう思い込んだだけなんですよ。ヒトラーがソ連への攻撃を決意したのが7月31日、既に目は対ソ連に向いていた。それなのに日本は、9月に日独伊とソ連で、と考えていた。夢のまた夢なのに。

調べていてこんな事実が出てくると、嫌になってくる。日本人は自分本位ばかりで、世界情勢とか各国のリーダーの思惑とかの研究をあまりしないんです。ヒトラー、スターリン、チャーチルが何者かを分かっていなかった。

昭和8（1933）年に国際連盟を脱退して世界の孤児になっちゃったから、しょうがないところもあるんだけど。世界を知らないで日本だけでいい気になるのは、本当に危険なんです。

近年も、それに近いところがあるんじゃないですか。習近平、トランプ、プーチンのことを本当によく分かっているのか。井の中の蛙《かわず》というか、世界史の中での日本はまた同じことをやっているな、と思うことがあります。

山本五十六の無念

「一に平和を守らんがためである」


わが長岡中の大先輩、山本五十六さんも三国同盟には強く反対していました。海軍次官のときに同盟に反対して遺書まで書いたというのは有名です。

駐米大使館付武官の経験もある山本さんは、米国の力をよく知っていた。それで三国同盟に強硬に反対したために、右派勢力らによる暗殺を避ける狙いもあって連合艦隊司令長官になった。

山本さんは長官になってからも、戦争にならないように全力を尽くしている。ただ、連合艦隊司令長官は天皇陛下の任命ですし、勝手に辞めるわけにはいかない。戦うための総大将、現場監督ですから、戦争の準備はしなければならない。海軍に山本さんに代わるめぼしい人材もいなかったと思いますね。

開戦してから、山本さんはすごく激しく戦いました。早く戦争をやめたいという思いがあったからです。長期戦になったら日本は滅びるほかない。国民は惨憺《さんたん》たる思いをすると知っていました。

ともすると山本さんはやたらと好戦的な男に見えますが、そうではない。戦争を早くやめるために徹底的に相手をやっつけて、早く講和に導いた方がいいという考えでした。彼なりの非戦論でした。

ただ、山本さんの心には、戦争には反対だが、どうしてもとなればやってやるという思いもあったはずです。零式戦闘機と酸素魚雷、陸上攻撃機という「三種の神器」を手にして。「半年や1年なら暴れてみせる」といった言葉が象徴しているんですが、越後の人は激しく爆発するときがあります。

山本五十六。早期講和を求め続けていたという

山本さんはものすごく越後が好きでした。みんなの力になりたい、地元のためにも大仕事を、という考えもあったと思います。

でも、気の毒ですよね、自分の思いと反対のことをやらなければならなかったのだから。山本さんの有名な手紙が残っています。自分の思っていることと正反対のことをやる、これを運命というほかないという内容です。親友の堀悌吉《ていきち》さんに出した手紙です。堀さんの遺品から出てきました。

私は２００９年に実物を見たんだけど、胸に詰まりましたね。ああ、これは悲痛だったろうな、と。ただ男の生き方としてはすごくかっこいいんじゃないですか。少なくとも私にはできませんね、すぐ「やめさせてくれ」となるので。

真珠湾攻撃の打ち合わせのときに、山本さんはたとえ攻撃隊が発進した後でも引き揚げ命令が出たらすぐに帰ってくるよう機動部隊に伝えます。反対する指揮官に対し、かつてない強い口調で言うのです。「百年兵を養うは一《いつ》に国家の平和を守らんがためである。この命令を受けて帰ってこられないと思う指揮官がいたら、出動を禁止する。即刻辞表を出せ」と。いかに最後まで平和を望んだかがよく分かります。

早期講和の望みかなわず

山本さんは昭和18（１９４３）年にブーゲンビル島で戦死しますが、私は前線に別れを告げに行ったとみています。「お前たちを見殺しにする、すまん」というおわびかたがたです。

戦後、海軍の元参謀で山本さんの側近だった渡辺安次《やすじ》さんに会うと、「山本さんが自殺しにいったなんてバカなことを言うやつがいるが、山本さんはそんな人ではない。最後まで何とかこの戦争を終わらせたいと思っていた。そのためにもういっぺん決戦するつもりだった」と言われました。

長岡中学の縁もあって「山本贔屓《びいき》」を自認する半藤さん。五十六に触れた本を多く出している

私も山本さんの性格、考え方からいって、そうだったと考えます。戦線を一度ダーッと下げ、補給が十分にあるところで航空隊を錬成錬磨して、やり直す。それでもう一度決戦で打撃を与えて講和に入ろうと。ちょうど戦局的に米国もガダルカナルで相当傷んで、一斉に本土に下がって態勢を整えていた。時間的に余裕はあったんですよ。

ただ、その考え方が周囲に了解してもらえたかは別問題ですけどね。当時まだうぬぼれ、のぼせてますからね、陸軍は。あと海軍の一部も。

山本さんが死んだ後はご破算ですよ、全部。結局、トラック島とかを守ってまた反撃するんだ、と無理なことを考えたんだから。山本さんが死んだ後ですよね、あんなにたくさんの人が死ななきゃならなかった戦争をだらだらと続けたのは。

近年はその戦争を知らない、米国と戦ったことさえ知らない人がたくさんいます。最近また、うぬぼれのぼせて、大国主義を唱えている人がいるようですけど、日本は大国主義をとれない国ですよ。国力のない日本が無謀な戦争をしてはいけないということを分かってもらえたらと思っていますがね。

「山本さんは何とか早期講和をしたいと思っていたんです」。山本五十六の胸像の前で語る半藤さん＝2010年、長岡市坂之上町3

山本聯合艦隊司令長官壯烈なる戰死

南方最前線に出動
機上で指揮中散華
後任には古賀峯一大將親補

大本營發表（昭和十八年五月二十一日十五時）
聯合艦隊司令長官海軍大將山本五十六は本年四月前線に於て全般作戰指導中敵と交戰飛行機上にて壯烈なる戰死を遂げたり
後任には海軍大將古賀峯一親補せられ既に聯合艦隊の指揮を執りつゝあり

全海軍奮然蹶起
不敗の陣容愈々强化

武勳萬代不滅
全將兵に異常の感動

ありし日の勇姿

山本五十六の戦死を伝える、昭和18（1943）年の新潟日報

新潟日報

燒爆と鬪ふ長岡魂

待避壕は"待機所"
敏速的確な判斷で避難せよ
水は及ぶ限り多く

長岡の戰訓

燒失した主要建物

大擧燒夷攻撃には
集團的避難は危險
必ず分散して郊外へ

復興に努力を

父祖に後れず起上らう
田村文吉氏談

長岡空襲を伝える、昭和20（1945）年８月３日の新潟日報

第4部　いつまでも平和で穏やかな国であれ

「戦争の犠牲者をどう追悼したらいいかと聞かれれば、私の答えは決まっています。日本がいつまでも平和で穏やかな国であることを、亡くなった人たちに誓うこと。この考えが変わることはありません」。半藤さんは亡くなる半年前、90歳で出した著書「靖国神社の緑の隊長」（幻冬舎）にこう書いていた。長岡中学時代に平和憲法の内容に感動したという半藤さん。「戦後」を続けていくために、戦争につながる動きを一つ一つ摘まなければならないと説く。

「戦後」を続ける意味

地政学的に大国主義は無理

昭和20（1945）年8月15日、疎開先の長岡市で太平洋戦争の終戦を迎えた後、「ああ、これでもう誰も死ななくていいんだ」と心の底から思いましたね。東京大空襲や長岡空襲で山ほど人が死んだのを見ていましたから。8月14日までは「1億総特攻」「本土決戦でアメリカ軍を迎え撃つんだ」と言われていましたが、もうそんな必要はないと。

それは私だけではない。日本人みんなが「もう悲惨な戦争をしなくていい」と思ったし、太平洋戦争が無謀な戦いだったことを知って、「あんなこともう二度としないぞ」という気持ちも持ったはずです。それが「戦後」という言葉に込められた一番強い思いでしょう。だから70年以上、戦後が続いてきたのです。特に昭和の終盤ぐらいまでは、穏やかな国だったと思いますね。国内でもめることはあっても、対外的には優越感を発揮しなかったし、本当の意味で平和国家でした。

でも近年はどうでしょう。中国や韓国に対して変な優越感や不安感を持っていませんかね。ヘイトスピーチはあるし、ネット上では時の首相や与党と違うことを言うと「非国民だ」「国賊だ」とまで言われる。この国を守るという考えはいいですけど、戦前のような大国主義になってはいけません。そもそも軍備だけ拡張したって、日本は地政学的に守りやすい国、守れる国ではないんです。

この国は細くてながーい島国なんですよ。領土は小さいけど、海岸線がものすごく長い。世界で6番目。米国より中国より長いんです。それで真ん中に山脈がだーっとあって、人は海岸線に市街地をつくっていて、奥行きがない。国防を考えると、こんなに守りづらい国はないんですよ。

本当に全てを守ろうとしたら、海岸線を埋める、ものすごい数の陸軍が必要です。そんなこ

「当事者に直接取材し『戦争の真実』を追究した」として菊池寛賞を受賞した後、インタビューに応じる半藤さん＝2015年、東京・世田谷区

と無理だし、あり得ない。

近代国家になってからの指導者はみんな、それを痛感し、悩んできたんです。勝海舟や坂本龍馬とかは海軍を強くして、海の外で守ろうとした。陸上では守りきれないからね。

さらに日本海側は対岸で守ろうとして、朝鮮半島に手を出すわけですよ。元寇の時代から、大陸からの侵攻は朝鮮半島を通ってくるから。それで植民地にして恨まれることになった。朝鮮を取ったら、今度はそこを守るために満州を、となる。南側はアジア、オセアニアの島々に出ていった。

そうしないと国、本土を守れないと考えたんです。攻めることで守る、攻勢防御といいますが。こういう思想は他国にはないんですよね。防御は防御だ。ところが日本は地政学的にそうせざるを得なかったんです。

現在はもっと守りづらい。海岸線に原発が54基もあるから。福島第1原発も含めて。わが越後にも柏崎刈羽原発がありますね。

もともと守れないんだから、平和国家として国の安全を図るのが一番正しいのですよ。「そんな情けないことをいうやつがあるか」と怒る人もいるけれど、それが事実なんですから。

リアリズムに徹すれば、広く膨張する大国主義ではなくて、できるだけ平和を大事にして、貿易によって生き延びる国家にした方がいいです。

戦後何年といった節目は、こういうことを改めて考えるチャンスではあるんですけど。どうでしょう、みんな考えていますかねえ。ただ単に月日がたって、私らみたいに戦争を知っている世代がいなくなって記憶が風化して、となったら…。戦後がいつまで続くのか不安になりますね。

上皇ご夫妻の思い

実は、平成の天皇皇后両陛下（現上皇ご夫妻）に、過去に10回ぐらい私的に招かれています。そのうち半分は妻も一緒でした。ノンフィクション作家の保阪正康《まさやす》さんや日本史家の磯田道史《みちふみ》さんが同行したこともあります。

昭和史、近代史について話をして、雑談も交わしましたね。両陛下は本当によく歴史を学ばれていました。戦争で大勢の国民が亡くなったり、国民に苦労をかけたりしたことに、ものすごい反省というか思いがある。だから、昭和天皇ができなかった慰霊の旅に一生懸命行かれていた。あの方々がご存命でいるうちは、戦後が続くと思っています。

秋篠宮家に呼ばれたこともあります。「悠仁殿下に太平洋戦争がなぜ起こったのかなどを分かりやすく話してください」と依頼されて。歴史を説明して、地政学的に戦争になったらこの国は守れないといった話もしました。

秋篠宮さまも同席されていました。宮さまは私の著書を読まれていて、「統帥権について教えてください」と言われたんです。その後は1時間以上、統帥権にまつわるだいぶややこしい話になりましたが、悠仁さまは居眠りもせずにじっと聞いておられました。

死去1年半後に開かれた「思い出を語り合う会」であいさつする妻の末利子さん。出席者からはウクライナ侵攻を巡り「今こそ、半藤さんの話を聞きたい」という声が多く聞かれた＝2022年6月、東京・千代田区

憲法を100年いかす

「戦争放棄」に身震い

戦後、長岡中学に通っていた昭和21（1946）年3月、主権在民、象徴天皇、戦争放棄を含む「憲法改正草案要綱」が発表されました。

震えるほど感動しましたよ。特に戦争を永遠に放棄するという条項が素晴らしいと思いました。東京や長岡で戦争の惨状を見てきましたから、「よし、戦後の新しい日本はこれでいくんだ」と思えたんです。ただ、うちのおやじにそう言ったらばかにされました。「何いってんだ、歴史をよく勉強しろ。人類始まって以来、戦争がなかったことがあるか」「空襲でやられたときに川へ落っこちて水をがぶがぶ飲んだから、頭に水が残ってるんじゃないか」と。

おやじの時代の人たちはみんなそうなんです。日本は日清戦争、日露戦争、第1次世界大戦、満州事変、日中戦争、太平洋戦争と、ほぼ10年ごとに戦争をやってきたので。

でもこのときだけは、さすがに私も憤慨しました。あまりけんかはしたことがなかったんですけど。おやじに向かって「何いってんだ、これからはこういう国にするんだ」と口答えしたのを覚えています。

〈日本国憲法は昭和21（1946）年11月に公布となり、翌22年5

長岡中学時代を描いた自作の絵

月に施行された〉

米国の押しつけだという批判もあります。確かに憲法に限らず戦後の改革はみんな米国の関与がありました。しかし、当時の各新聞の社説はみな新憲法を礼賛したし、国民に選挙で選ばれた代表が国会で歓迎し、制定したのです。今さら押しつけだから駄目だというのは、出し遅れた証文みたいなものです。

自民党の改憲草案が狙うもの

私はこの先も、国としての基軸は憲法の平和主義でいいと思います。１世紀持てばすっかり定着するでしょうから、「憲法を１００年いかすべきだ」ということを書いたり、発言したりしてきました。

しかし、それでは駄目だという人も増えました。自民党が改憲の草案というのを示しています。そこには、日本会議系の人たちが求めた７項目の改正ポイントが盛り込まれています。

１番目が、美しい日本文化の伝統を明記すること。２番目は国の代表の明記。天皇を元首とするのでしょう。３番目が９条の問題。平和条項と共に自衛隊の規定を明記すること、つまり自衛隊をちゃんと憲法の中に入れろということ。

４番目は環境。世界的な環境問題への対応を明記すること。５番目が家族。国家、社会の基礎となる家

長岡中５年生のとき（後列右から２人目）。日本国憲法の下で「新しい日本をつくるんだ、という志を仲間と共有していた」

族保護の規定を入れる。6番目が緊急事態。大規模災害などに対する緊急事態の規定を明記すること。7番目が現憲法の96条。憲法改正について国民参加の条件を緩和すること。

9条を変えることと、緊急事態法を盛り込むこと、天皇を元首とすること。この三つが、だいたい自民党が描いている新しい日本の姿だと思います。

ただ、これは今の憲法のほとんど全否定ですからね。改正というより革命なんですよ、本当はね。

国民の中には、今の憲法にない「環境」を入れるのは必要だ、と賛成する人も多いでしょう。しかし、そういうものにだまされて、70年以上かけてつくった国柄、国の根本を変えるというのはかなり危険ではないかと思います。緊急事態では「大規模災害など」の「など」の中に何が入るか分からないのですよ。

ただ、この通りに憲法を変えようと思っても、国民の中にまだ戦争体験がある私みたいな人が生きていますし、かなりの反対運動が起きるでしょうから、なかなか通らないですよ。私たち戦争世代は5年、10年先には多くが死んでしまいますけど。

自宅で近代史や戦争に関する史料をチェックする半藤さん
=2010年、東京・世田谷区

平和主義を骨抜きにするシナリオ

第2次安倍晋三政権以来の自民党も、憲法を変えるのは大変だと分かっています。ではどうするかを、首相を取り巻く知恵者たちがかなり研究しています。

安倍さんの言っていた「戦後レジュームからの脱却」、つまり戦前のような体制にするためにどうするか。かつての日本陸軍参謀本部のような秀才連中が集まって、シナリオをつくっていますよ。

２０１３年に、当時の麻生太郎副首相が憲法改正を巡るシンポジウムで「ある日気づいたら、ワイマール憲法がナチス憲法に変わっていた。誰も気づかないで変わった。あの手口学んだらどうかね」と発言したことがありました。

そのとき私は「ナチス憲法なんてないのに何を言っているんだ。歴史を知らないね」と思いましたが、うかつでした。振り返ると、あのころ既にスケジュールが検討されていたんです。ナチスのように閣議決定という手法を使おうと。

ドイツでは昭和８（１９３３）年2月に国会議事堂放火事件があり、放火をしたのが共産党員だった。でっち上げかもしれないが。ヒトラー内閣は、これは許せないと、国家防衛緊急令と、反逆防止緊急令を翌日のうちに閣議決定した。要するに緊急のときは大統領令で過去の法律を押さえられるというものです。これで憲法で保障していた言論や集会の自由、所有権などが著しく制限され、ナチスに抵抗する政党も力を失いました。３月には全権委任法ができ、ヒトラーの独裁が確立していくのです。

こういう歴史的事実を首相の取り巻きが研究していたんですね。それを麻生さんがついしゃべっちゃった。私はそうみています。

実際、安倍内閣は２０１４年に憲法解釈を変更し、集団的自衛権の行使容認を閣議決定しました。日本が攻撃されなくても自衛隊の海外での武力行使を可能にするものです。歴代内閣が認めてこなかったものをひっくり返し、国民の反対も押し切りました。それを受けて2016年に安保法制が施行されます。

もう憲法9条は半分以上、骨抜きにされたといえます。各地の戦争に首を突っ込める国になったのですから。日本国憲法によって私たちは非軍事国家として歩んできましたが、近年は国民主権、平和主義など憲法の柱がいつの間にか、静かに壊されているのです。

〈2022年12月、岸田文雄内閣は、敵の基地を攻撃する「反撃能力」を明記した安保関連3文書を閣議決定した。専守防衛の逸脱が懸念される中、再び閣議決定により安保政策を大転換させた〉

戦争できる国づくりとは

戦後はいつまで続くでしょう。既に戦前になっているという人もいますが。「戦争ができる国」にはいくつか条件があるんです。

まず太平洋戦争前と戦中の日本はどういう国だったか。天皇陛下の位置付けとかではなく国と国民の関係という目線で考えます。

第1に、軍事情報を徹底的に押さえた。2番目は、資源や労働力を自由に動員できた。3番目は、戦争反対に対する取り締まりを徹底的にやった。4番目は、メディアを完全に統制した――。

「思い出を語り合う会」で、参加者は著作や写真を通して半藤さんをしのんだ＝2022年６月、東京・千代田区

これらができるよう法律や制度を作って国民を縛り、総力戦体制をつくった。逆に言うと、戦争国家体制をつくるためには、そうやって国民を縛らないといけないということです。

第１の軍事情報については国民に徹底的に隠した。戦中は国家機密保護法、治安維持法があり、基地のそばで写真を撮るなどしたらたちまち捕まえました。今また特定秘密保護法ができた。通信傍受法もいつの間にかできています。

第２の資源、労働力については国家総動員法があった。15歳以上はみんな戦闘員だったのです。今はまだない。それで緊急事態法というのを考えていますね。

第３、４については２０１７年に「共謀罪」の創設を含む改正組織犯罪処罰法ができた。共謀罪の対象犯罪は２７７項目もあります。丁寧に読むと、「え、あれもこれも共謀罪になりえるじゃない」となりますよ。

これを使えば、戦争に反対する集会で主催者はもちろん、参加者や取材記者を捕まえることもできる。２７７の罪のどれかしらに当てはめてしまえばいいのだから。それで記者が一人二人逮捕されたら、もうメディアはみんな萎縮しちゃうでしょうね。戦前がそうでしたから。内務省と特高警察と憲兵が徹底的に押さえて、言論の自由が吹き飛んでしまいました。

長岡市で行われた半藤さんの追悼フォーラム。大和ミュージアム（広島県）の戸高一成館長らが故人の平和への思いについて語り合った＝2022年８月、長岡市のホテルニューオータニ長岡

あと共謀罪で恐ろしいのは、社会も変えてしまうことです。うちのおやじは開戦の日に「なんでこんなばかな戦争をするんだ」と言うような人だったので、戦中に2回も微罪で捕まった。カネも賭けずに花札していただけなのに。隣組か、近所かに密告されたんです。

国民には国家に忠節を誓う人が必ずいますから、密告社会というか監視社会になっていくんです。今は隣組はないけど、似たようなものはすぐできるし、簡単に人を中傷できるネットもあります。

自宅近くの路地で。下駄履きが多く、近所では「下駄の先生」と呼ばれていた＝2018年、東京・世田谷区

先ほど憲法が骨抜きにされたと言いましたが、あとは憲法9条に自衛隊の項目を加えて、緊急事態法を織り込むことができれば、戦前の法制度にかなり近づくことになります。

9条を変えずに自衛隊の条項を加えるだけというのは一見、いいようにも思えます。しかし、それは集団的自衛権も安保法制も共謀罪も、自衛隊の持っている任務がみんな憲法に入り、認められるということです。

緊急事態法は適用範囲を「災害『など』」とするのがポイントです。それで対象にしてしまえば、かつての国家総動員法と同じような効果がありますからね。

滅びの道を歩まないために

40年ごとに興亡を繰り返す日本

憲法９条をいかせと言ったり、自民党の改憲案の問題点を指摘したりしていたら、「左翼だ」と言われるようになりました。文藝春秋で戦争を研究していたときは「右翼」「危ない人」と見られていたのに。私自身はずっと、やっていることも言っていることも、何も変わってないんですけどね。

戦争は悲惨だ、だからやってはいけないというだけでは足りない。「なぜ日本が戦争をしたのか」「どこで道を誤ったのか」をちゃんと考えることが大切です。そこに、明治以来の近代史と昭和史を見つめ直す意義があるのです。

私は40年史観というのをよく言います。幕末・明治以来、日本という国は40年ごとに隆盛と衰亡を繰り返しているんです。

幕末の黒船来航後、慶応元（１８６５）年に、朝廷と幕府が一致して国策を攘夷から開国に変えたのが、近代国家の建設の始まりです。それから戊辰戦争はあったけれど、列強に負けない国をつくろうと改革を進めました。

そして富国強兵に成功し、日露戦争で世界五大強国の帝政ロシアに一応勝利したのが明治38（１９０５）年。ちょうど40年です。最

「思い出を語り合う会」で展示された自筆原稿や愛用の文房具

初の勃興期ですね。

それで「世界の強国の一つになった」とうぬぼれて鼻高々、夜郎自大になりました。長州以来の尊皇史観で天皇を現人神と押し立て、自分たちが好きに権力を振るえる国家をつくってしまった。それで世界を相手に戦争をして、せっかくつくった国をぶっ壊したのが昭和20（1945）年。これも40年です。

敗戦から連合国軍総司令部（GHQ）の占領が終わり、独立国として改めてスタートを切ったのが昭和27（1952）年。経済第一、軽武装の貿易国家として復興し、ジャパン・アズ・ナンバーワンの繁栄を誇るまでになる。それでバブル経済が崩壊し、再び衰退期に入っていくのが1992（平成4）年ごろです。

今はまた、危機の40年の中にいるのではないでしょうか。戦前の昭和10年ごろと同じような位置付けかもしれません。次の節目の2032年ごろまで、戦争や滅びの道を進まないかと懸念しています。

こういうときに選択を誤らないようにするために、歴史を学ぶ必要があるのです。歴史は人の英知と愚昧《ぐまい》、勇気と卑劣など全てが表れる物語であり、人間学です。「歴史は繰り返す」のではありません、人間が昔から同じような行動を繰り返すのです。

人はどんなときに誤った判断をしたり、ぶれたりするか。過去の例を手本にして、若い人たちに衰亡を避ける新たな道を探っていってほしいです。

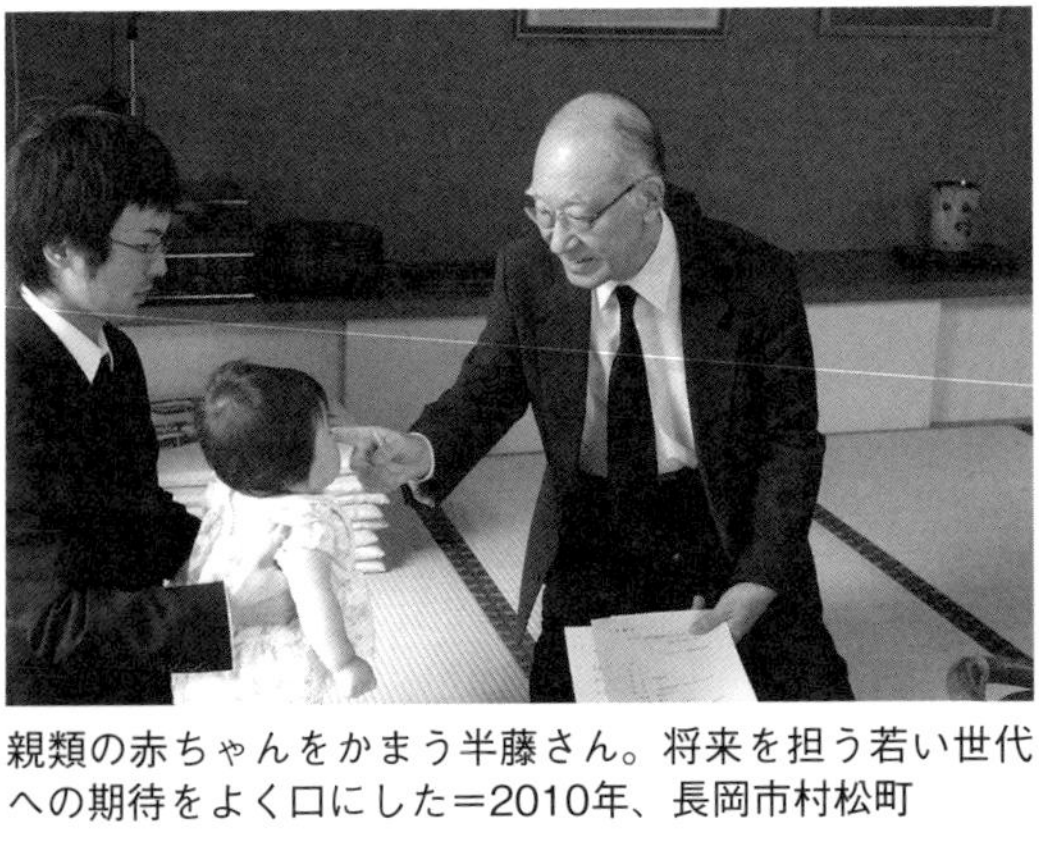

親類の赤ちゃんをかまう半藤さん。将来を担う若い世代への期待をよく口にした＝2010年、長岡市村松町

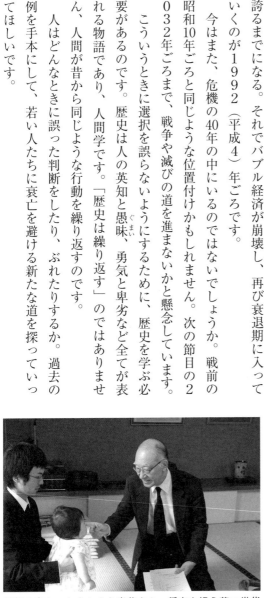

戦争犠牲者たちに誓うこと

私には一つだけ、30年以上続けていることがあります。毎年8月の1カ月間、目覚めたときに、終戦の詔勅の一節を唱え、1分間黙とうすることです。

「戦陣に死し、職域に殉じ、非命に斃《たお》れたる者、及其《およびそ》の遺族に想《おもい》を致《いた》せば、五内為《ごだいため》に裂く」

戦陣は兵隊さん、職域は船員さんや職工さん、非命に斃れたる者は空襲や原爆、沖縄や南の島で亡くなった非戦闘員の全員。それと遺族のことを思うと、五内、すなわち内臓が裂けるほど苦しいという意味です。

あの戦争でなくなった３００万人以上の犠牲者を追悼し、その犠牲に報いるためにも、私たちの日本がいつまでも平和で穏やかな国であってほしい。そう心から思います。いくつもの著書に、そう書いてきました。

戦争はある日突然降ってくるわけではありません。どうせ憲法は変えられちゃうとか、投票に行っても仕方ないとか、無関心やあきらめ、絶望が一番よくない。

歴史を学び、戦争に向かう可能性のある動きを一つずつ摘んでいく。そのために奮闘努力していくしかないのです。

2018年に妻の末利子さんと。末利子さんに残した最後の言葉は「墨子を読みなさい。2500年前の中国で戦争をしてはいけないと言ってるんだよ。偉いだろう」だった

半藤一利さんの略年譜と主な出来事

昭和5（1930）年	父末松、母チエの長男として東京・向島の下町に生まれる
昭和6（1931）年	柳条湖事件、満州事変勃発
昭和12（1937）年	小学校に入学。盧溝橋事件、日中戦争が始まる
昭和14（1939）年	ノモンハン事件
昭和15（1940）年	日独伊三国同盟調印
昭和16（1941）年	太平洋戦争が始まる
昭和18（1943）年	東京府立第七中学に進学。山本五十六連合艦隊司令長官が戦死
昭和20（1945）年	東京大空襲で九死に一生、疎開先の長岡中学に転校。終戦
昭和21（1946）年	長岡で一人暮らしを始める。日本国憲法公布
昭和23（1948）年	長岡中学を卒業、旧制浦和高校に進学
昭和24（1949）年	学制改革で東京大文学部に入学、父末松が胃がんで死去
昭和28（1953）年	大学卒業、文藝春秋に入社、坂口安吾に出会う
昭和31（1956）年	伊藤正徳の担当になり、昭和史の取材を始める
昭和36（1961）年	初の著書「人物太平洋戦争」を出版

昭和40（1965）年	「日本のいちばん長い日」刊
昭和59（1984）年	54歳で「想定外」の取締役に就任
平成3（1991）年	「昭和天皇独白録」刊、監修と解説を担当
平成4（1992）年	「漱石先生ぞな、もし」刊、新田次郎文学賞を受賞
平成6（1994）年	退社して本格的に作家活動を始める
平成10（1998）年	「ノモンハンの夏」刊、山本七平賞を受賞
平成14（2002）年	長岡市の「米百俵賞」選考委員長に就任、2014年まで務める
平成16（2004）年	「昭和史1926〜1945」刊。中越地震発生
平成18（2006）年	「昭和史戦後篇」刊。前後編で毎日出版文化賞特別賞を受賞
平成22（2010）年	新潟日報の連載「ひと賛歌」に登場
平成23（2011）年	東日本大震災発生
平成27（2015）年	「戦争の真実を追究した」として菊池寛賞を受賞
平成28（2016）年	庶民の暮らし目線で昭和の戦前を描いた「B面昭和史」刊
平成30（2018）年	「世界史のなかの昭和史」刊、昭和史三部作が完成
令和3（2021）年	1月12日、東京・世田谷区の自宅で老衰のため死去、90歳

「歴史探偵」をたどる20冊

半藤さんの著作は共著を含めて100冊を超える。この中から、新潟県や長岡市に関する記述が多いものや「半藤史観」がよく伝わる作品、楽しく読める軽妙なエッセーなど、お薦め本20冊を選んだ。

「昭和史」(平凡社)

半藤さんの代名詞のようになったベストセラー。戦前から終戦までの前編、戦後編の2部構成で日本の動向を網羅的に描いた。どちらも編集者への「寺子屋風授業」をまとめたもので、口語で分かりやすい。漫画「昭和天皇物語」(能條純一さん作画、小学館)の原作になっている。

「B面昭和史」「世界史のなかの昭和史」(平凡社)

政治家や軍人らの動きを追った右記の「昭和史」をA面と捉え、庶民の暮らしを描いたのが「B面」。欧米などとの関係から先の大戦をみる「世界史の——」は2018年刊。最初の昭和史から15年がかりで三部作が完結した。

「日本のいちばん長い日　決定版」（文藝春秋）
昭和20（1945）年8月15日の終戦の詔勅までの24時間を描いた。昭和40年のベストセラーで、半藤さんが文藝春秋を辞めた翌年の1995年に加筆修正して再出版した。映画化され、漫画（星野之宣さん作画、文藝春秋）にもなった。

「山本五十六の無念」（恒文社）「聯合艦隊司令長官　山本五十六」（文藝春秋）
「わが中学の大先輩」の人物像と、戦前戦中の動きを描いた2冊。「―無念」は昭和61（1986）年刊で、新潟日報に書いた昭和59年の連載が冒頭を飾る。後に「山本五十六」（平凡社）として修正し、再出版した。「聯合艦隊―」は2011年公開の映画（半藤さん監修）に合わせて書き下ろした。

「ノモンハンの夏」（文藝春秋）
1998年刊の戦記。山本七平賞を受賞し、94年に専業作家となった半藤さんの声価を高めた。昭和14（1939）年に満州西北部でソ連と国境紛争になった日本軍。その陸軍参謀本部と関東軍のエリートたちが道を誤っていく経緯を詳細に描く。後の太平洋戦争に通じる軍部の問題点を鋭くえぐった。

「幕末史」（新潮社）
黒船来航から西南戦争まで、幕末と「維新」の25年間を解説した。「賊軍」の子孫として、長岡仕込みの「反薩長史観」を存分に展開する。「賊軍の昭和史」（保阪正康さんとの共著、東洋経済新報社）、「仁義なき幕末維新」（菅原文太さんとの共著、文藝春秋）、「それからの海舟」（筑摩書房）なども同様の半藤史観が通底している。

絵本「焼けあとのちかい」（絵は塚本やすしさん、大月書店）

「世界中の子どもを二度とあんなひどい目にあわせたくない」と東京大空襲の体験を絵本にした。不自由で凶暴になっていく社会の様子、空襲の恐ろしさを分かりやすく伝える。高齢となった半藤さんが非戦と恒久平和を訴える場面も。空襲体験は新書の「15歳の東京大空襲」（筑摩書房）にもまとめている。

「そして、メディアは日本を戦争に導いた」（保阪正康さんとの共著、東洋経済新報社）

戦前、戦中のジャーナリズムが健全さを失い、国民的熱狂をあおって「一億総特攻」に突き進んだ状況を検証し、言論の自由の大切さを説く。戦前に軍部を敢然と批判した石橋湛山《たんざん》を、戦争をあおり続けた大新聞と対比して描いた「戦う石橋湛山」（東洋経済新報社、筑摩書房）もある。

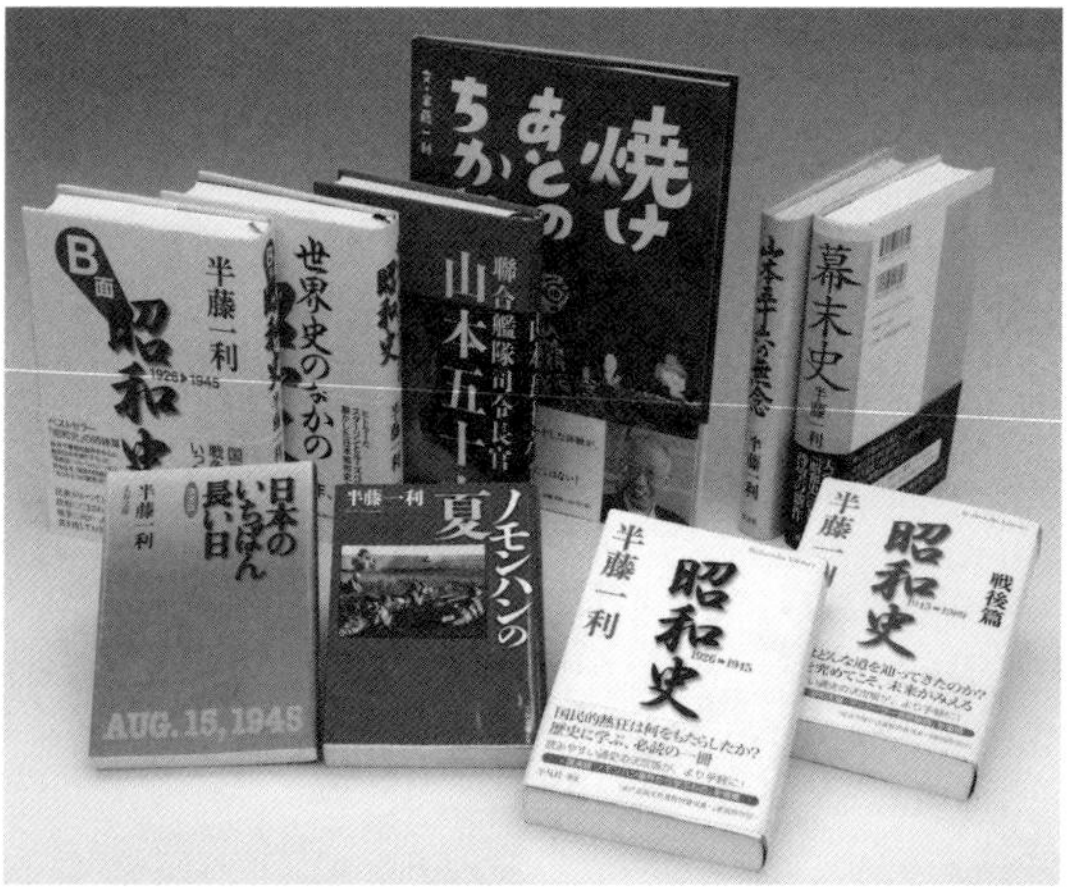

「坂口安吾と太平洋戦争」（ＰＨＰ研究所）

半藤さんが「大先生」と慕う元祖・歴史探偵の安吾。戦後派の騎手となった安吾が戦時下にどのような足跡をたどり、戦争が著書にどう影響したかを描いた。「安吾さんの太平洋戦争は、『堕落論』と『白痴』を書くことによって目出度《めでた》く終戦となった、と考えられる」とした。

「昭和・戦争・失敗の本質」（新講社）

「歴史探偵の原点」と銘打ち、昭和から平成前半に書いた戦争関連の文章を集めた。収録した中で最も古い原稿は昭和48（１９７３）年に新潟日報に掲載した記事で、「歴史の中の長岡空襲と新潟」。

「憲法を百年いかす」（保阪正康さんとの共著、筑摩書房）

２０１７年刊。「国のかたち」を決定づける憲法の意味と価値を解説する。特に9条を２０４７年まで１００年続けることで世界に広げようと訴えた。憲法を巡っては、敗戦から「憲法改正草案要綱」が閣議決定されるまでをまとめた「日本国憲法の二〇〇日」（文藝春秋）も出している。

「漱石先生ぞな、もし」（文藝春秋）

義理の祖父にあたる文豪・夏目漱石を研究し、多くのエピソードから人物像を浮き彫りにした。自作のイラスト付き。文章もユーモラスな「半藤節」が全開で、笑いを誘う場面が多い。ベストセラーとなり、続編も出した。

「半藤一利と宮崎駿の腰ぬけ愛国談義」（文藝春秋）

アニメ映画監督の宮崎駿さんの希望で実現したユニークな対談を収録。「漱石好き」で意気投合した2人が、アニメ映画「風立ちぬ」と昭和、そして日本の行く末などを巡り、「小国主義」に基づく「腰ぬけの愛国論」を交わす。

「隅田川の向う側―私の昭和史」（創元社）

昭和57（1982）～60年に年賀状代わりで知人に配った「豆本」を集め、2009年に刊行した。昭和の個人史を生き生きと描いた原稿は「その後の著作の、いわば原点になったもの」という。長岡で暮らした体験を50のエピソードでつづった「わが雪国の春」の章もある。

「老骨の悠々閑々」（ポプラ社）

歴史と文学、文化、風俗について軽やかに書いたエッセー。85歳の2015年刊。自作の版画や絵も多く載せた。中でも「米山さんから雲がでた」で知られる柏崎の三階節の歌詞と、かわいらしい雷さまを組み合わせた版画が「いちばん有名」になった作品という。

「のこす言葉　半藤一利　橋をつくる人」（平凡社）

89歳にして初の自伝。川や橋が好きで、かつては橋の技師になりたかったという半藤さん。また戦前に戻ることがないよう、「今を生きる人と昭和史の間に橋を架ける仕事を俺はしているんだ」とつづった。

「墨子よみがえる」（平凡社）

半藤さんが亡くなる直前に残した遺言は「墨子を読みなさい」だった。この著書で、約２５００年前に非戦、非攻を唱え、実践した墨子の思想を、戦前戦中の日本と対比して解説。「心の中に難攻不落の平和の砦《とりで》を築かねばならない。読者よ、戦争をなくするために奮闘努力せざるべけんや」と訴えた。

「戦争というもの」（PHP研究所）

没後の刊行。亡くなる2カ月前まで連載していた原稿を集めた。戦時下でわずかに発せられた「名言」から、戦争の非情さ、非人間性を浮き彫りにした。巻頭に選んだ名言は、山本五十六の「一《いっ》に平和を守らんがためである」。あとがきの最後の言葉は、手書きで「戦争は、国家を豹変《ひょうへん》させる、歴史を学ぶ意味はそこにある。半藤一利」だった。

おわりに

2021年1月12日の明け方、まだ暗い自宅寝室で、半藤一利さんは妻の末利子さんに声をかけた。「起きてる?」。慌てて枕元にしゃがみこんだ末利子さんに「日本人はそんなに悪くないんだよ」と言い、続けた。「墨子を読みなさい。2500年前の中国で、戦争をしてはいけないと言ってるんだよ、偉いだろう」。そう語ると静かに眠りにつき、そのまま息を引き取った。老衰だった。

「本当に半藤さんらしい遺言だ」。末利子さんに経緯を聞いて、そう思った。「非戦」を掲げ、その実践に奔走したという古代の思想家・墨子が、「戦争につながる動きを一つ一つ摘んでいかないといけない」と繰り返し語っていた半藤さんに重なった。

長岡高校出身の筆者にとっては「わが高校の大先輩」であり、羅針盤のような存在だった。国内外で大きな出来事があると、すぐに意見を聞いた。正直、今も喪失感をぬぐえずにいる。

死去から1年半が過ぎた2022年6月、メディア業界の有志らが半藤さんの「思い出を語り合う会」を東京で開いた。女優の竹下景子さん、エッセイストの阿川佐和子さん、ジャーナリストの池上彰さんら多彩な顔ぶれがあいさつに立った。何人もが「ウクライナについて、世界情勢について、今こそ半藤さんの話を聞きたい」と遺影に語りかけた。

2022年2月にロシアがウクライナに侵攻してから、世界がゆがんでいったように感じる。ロシアと北大西洋条約機構（NATO）、米国と中国との対立は深刻化する一方だ。日本でも対中国の脅威論が強まり、南西諸島に自衛隊のミサイル部隊などが次々に配備された。一部で「核共有」まで議論され、「新しい戦前」を懸念する声が上がっている。

半藤さんは取材に応じるとき、要点や事実関係をびっしりと書いたメモをいつも事前に作っていた。近代史の碩学《せきがく》、大家と言われる人がここまでやるのかと驚き、恐縮した。それを酒席で率直にぶつけると、半藤さんは「努力しないやつは駄目なんだよ」と話した。半藤さんは多くの著書で「奮闘努力」が大切だと書いているが、彼自身が努力を決して欠かさない人だった。

半藤さんのお墓は、敬愛した夏目漱石と同じ、東京の雑司ケ谷霊園にある。ときどき墓参りに行き、日本、世界の現状をぶつぶつと報告しては、「半藤さんだったら何て言いますかねえ」と思いを巡らせている。岸田文雄政権が敵基地などをたたく「反撃能力」を明記した安保関連3文書を閣議決定した2022年12月にも訪れた。没後これまで、残念ながら故人が喜ぶような報告がほとんどできていない。だから、せめて墓前に誓うようにしている。「『戦後』はまだ続いてますよ。この先もずっとこう報告できるように、微力ながら奮闘努力をしていきます」と。

◇　◇

本書は2010〜19年に行ったインタビューの記録を編集し、再構成したものです。出版へのご理解をいただいた半藤末利子さん、支えてくれた新潟日報社の同人たちに心から感謝いたします。

2023年7月　新潟日報社・小原広紀

半藤 一利（はんどう・かずとし）

1930（昭和５）年東京生まれ。14歳で東京大空襲を体験。父の郷里・長岡市に疎開し終戦を迎えた。旧制長岡中学（現長岡高校)、東京大学卒業。文藝春秋で月刊文藝春秋編集長や専務を務めた後、著述業に専念。著書に「昭和史」「幕末史」「日本のいちばん長い日」「山本五十六」など。2021年１月、老衰のため東京都世田谷区の自宅で死去。

小原 広紀（こはら・ひろき）

1971（昭和46）年長岡市（旧与板町）生まれ。長岡高、新潟大卒。93年新潟日報社入社。報道部、東京支社、長岡支社などを経て報道部長、編集局次長を務めた。2023年4月から編集局デジタル・グラフィックスセンター次長兼論説編集委員。

＜表紙写真＞

新潟日報の連載企画「ひと賛歌」のインタビューに答える半藤一利さん＝2010年、東京都世田谷区の自宅